초등 문해력
향상 프로그램
━●━
어휘편

어휘가 보여야
문해력이 자란다

KB182710

문해력 잡는
초등 어휘력

예비 단계 ②

• 예비 초등~초등1학년 •

초등교과서에 나오는 과목별 학습개념어 총망라
★ 문해력 183문제 수록! ★

아울북

모르는 말이 없는데 말귀를 못 알아듣고 문제를 못 풀어요.

자녀의 초등학교 입학을 앞둔 학부모의 가장 큰 고민 중 하나입니다. 이는 낱말과 낱말의 상관관계에 대한 이해, 즉 어휘력과 문해력이 부족해서 생기는 문제입니다. 그래서 '초등학교 공부의 시작은 어휘 공부'라고 해도 과언이 아닙니다.

〈문해력 잡는 초등 어휘력〉 예비 단계는 다음과 같이 체계적인 구성으로 미취학 아동의 어휘력을 키워 줍니다.

› 사고력 훈련
6~7세의 미취학 아동이 전형적으로 경험하는 '현실과 현상에 대한 이름 짓기'를 중심으로 구성했습니다. 특히 아동의 사고 발달에 필수적인 동작 어휘와 동작 어휘의 연관 어휘를 기본 어휘와 확장 어휘에 넣어 사고력 훈련이 되도록 했습니다.

› 언어의 확장 훈련
도입부를 만화로 구성해 어휘 학습을 쉽게 시작할 수 있습니다. 기본 어휘들로부터 비롯되는 확장 어휘들을 다루고, 중요한 우리말 어휘는 물론 관련 기초 한자와 한자어도 소개했습니다.

› 외우지 않고도 기억할 수 있는 워크북
① 현상에서 언어로, ② 바탕말에서 확장어로, ③ 문장 이해에서 문해력 발달로 세 가지 기준에 입각하여 단순히 읽는 책이 아닌 활동하는 워크북으로 만들었습니다. 따라서 외우지 않고도 어휘와 그 뜻을 기억할 수 있습니다.

› 두 달로 마치는 초등학교 입학 준비 프로그램
각 권별로 교과서에 나오는 300~400개의 어휘, 1,500개의 단어가 수록되어 있습니다. 한 개 어휘에 대해서 반드시 3~4회 이상의 반복 학습이 이루어지도록 구성했습니다.

정춘수 기획위원

어휘력부터 문해력까지, 한 권으로 잡기

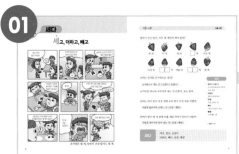

01 세다

기본 어휘를 익혀요.

02

확장 어휘와
한자 어휘를 익혀요.

03

문제를 풀며
어휘 실력을 다져요.

04

놀이로
어휘를 기억해요.

05

'생각이 톡톡'으로
문해력을 키워요.

와 초능력으로
공부하더니
1등 했구나!

차례

1장 세다

세다

세고, 더하고, 빼고

손가락은 열 개, 엄마가 주신 딸기도 열 개.

엄마가 주신 딸기, 모두 몇 개인지 세어 볼까?

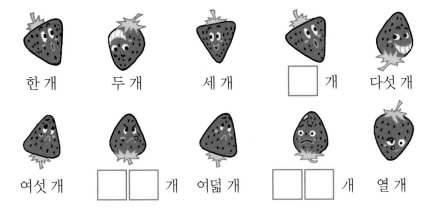

한 개　　두 개　　세 개　　☐ 개　　다섯 개

여섯 개　　☐☐ 개　　여덟 개　　☐☐ 개　　열 개

초비는 숫자를 손가락으로 세지?

　손가락으로 세는 건 (손잡다 | 손꼽다)

손가락을 하나씩 구부리며 세는 건 손꼽다. 또는 꼽다.

단비는 자기 딸기 다섯 개에 초비 딸기 다섯 개를 더했어.

　이렇게 많아지게 보태는 건 (덧셈 | 뺄셈)

단비가 딸기 열 개 중에 아홉 개를 먹어서 하나가 남았어.

　이렇게 적어지게 덜어 내는 건 (덧셈 | 뺄셈)

세다

▪ **꼽다**(= 손꼽다)
　손가락을 하나씩 구부려
　수를 세다.
▪ **더하다**
　많아지게 보태다.
▪ **덧셈**
　수를 더하는 셈.
▪ **빼다**
　적어지게 덜어 내다.
▪ **뺄셈**
　수를 빼는 셈.

> 정답 104쪽

세다

세다, 꼽다, 손꼽다
더하다, 빼다, 덧셈, 뺄셈

7

하하, 엄마 돼지가 자기를 빼고 세니까 그렇지.

엄마 돼지는 아기 돼지들을 어떻게 세고 있지?

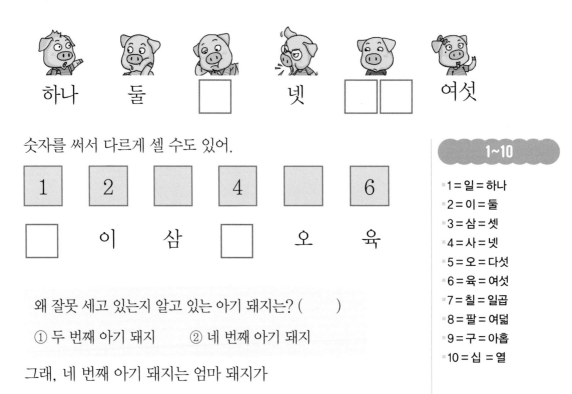

하나   둘   ☐   넷   ☐ ☐   여섯

숫자를 써서 다르게 셀 수도 있어.

1	2	☐	4	☐	6
☐	이	삼	☐	오	육

1~10

- 1 = 일 = 하나
- 2 = 이 = 둘
- 3 = 삼 = 셋
- 4 = 사 = 넷
- 5 = 오 = 다섯
- 6 = 육 = 여섯
- 7 = 칠 = 일곱
- 8 = 팔 = 여덟
- 9 = 구 = 아홉
- 10 = 십 = 열

왜 잘못 세고 있는지 알고 있는 아기 돼지는? (　　　)

① 두 번째 아기 돼지   ② 네 번째 아기 돼지

그래, 네 번째 아기 돼지는 엄마 돼지가

왜 여섯 마리라고 센 건지 알고 있어.

우와, 초비는 수학 천재인가 봐!
머릿속으로 계산을 해서 답을 말하고 있어.

더하기, 빼기를 하는 건 · · 암산

머릿속으로 계산하는 건 · · 계산

계산, 암산에서 '산'은 모두
'수를 세다'라는 뜻의 한자야.
세다 산(算).

주판으로 하는 계산은 주산,
계산을 하는 기계는 계산기,
물건을 사고서 계산을 하는 곳은 계산대,
계산한 내용이 적힌 종이는 계산서.

算
세다 산

- **계산**(計세다 계 算)
  수나 양을 세는 일.
- **계산기**(計 算 器기구 기)
  수를 빠르고 정확하게
  계산해 주는 도구.
- **계산대**(計 算 臺대 대)
  가게에서 계산을 하는 곳.
- **계산서**(計 算 書글 서)
  물건값을 내라고 써 놓은
  종이.
- **암산**(暗 외다 암 算)
  머릿속으로 계산함.
- **주산**(珠구슬 주 算)
  구슬 모양의 알을 이용해
  계산함.

> 정답 104쪽

9

1 비슷한 말끼리 짝 지어 주세요.

더하기 ●   ● 덧셈

빼기 ●   ● 꼽다

손꼽다 ●   ● 뺄셈

---

2 다음 손가락을 세어 몇 개인지 숫자로 써 보세요.

1) 더하기 는 ☐

2) 빼기 는 ☐

3) 더하기 는 ☐

4) 빼기 은 ☐

10

3 서로 어울리는 것끼리 짝 지으세요.

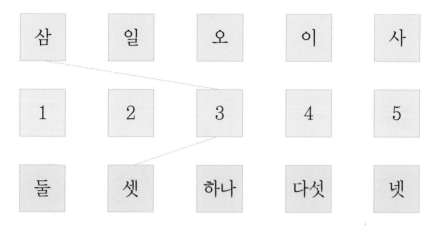

삼	일	오	이	사
1	2	3	4	5
둘	셋	하나	다섯	넷

4 다음 빈칸에 있는 글씨를 예쁘게 따라서 써 보세요.

· 계산을 하는 기계는 [계][산][기]

· 머릿속으로 계산하는 건 [암][산]

5 다음 숫자를 어떻게 세는지 예쁘게 써 보세요.

여☐   일☐   여덟   아☐   열

11

강아지 세 마리, 장미 세 송이

무얼 세느냐에 따라 뒤에 붙는 말이 다 달라.

사탕이나 사과를 셀 때에는

한 개, 두 개, 세 개.

물건을 셀 때는 숫자 뒤에 개를 많이 써.

장미 세 송이,
강아지 세 마리,
그리고 단비 한 명.

강아지를 셀 때는　•　　　　•송이

장미를 셀 때는　•　　　　•명

사람을 셀 때는　•　　　　•마리

강아지를 셀 때도, 장미꽃을 셀 때도,

한 개, 두 개, 세 개면 얼마나 편할까?

하지만 셀 때 쓰는 말은 세는 물건에 따라 달라.

종이를 셀 때는 장.

컵에 든 우유를 셀 때는 잔.

쌀알을 셀 때는 톨.

탁자 위에 종이가 세 (　　　),

물이 두 (　　　),

쌀이 다섯 (　　　) 있어.

세는 단위

▪개
　물건을 세는 단위.
▪송이
　꽃이나 열매를 세는 단위.
▪명
　사람을 세는 단위.
▪마리
　동물을 세는 단위.
▪장
　종이를 세는 단위.
▪잔
　액체를 컵에 담아 세는
　단위.
▪톨
　밤이나 곡식의 낱알을
　세는 단위.

> **정답** 104쪽

수　　마리, 송이, 명, 장, 잔, 톨

13

여러 사람이 줄을 서서 차례를 기다리고 있어.

사람이 많은 공중화장실에서도 차례차례,

버스를 탈 때도 차례차례,

위 그림에서 초비는 몇 번째 차례지? (세 번째 | 네 번째)

차례대로 서 있는 사람을 셀 때는? 1번, 2번, 3번

다음은 차례가 아니라 순서를 매기는 말이야.

서로 겨루어서 제일 잘하는 사람은?　•　　　　　•　일등

서로 겨루어서 제일 못하는 사람은?　•　　　　　•　꼴등

많은 것 가운데 가장 뛰어난 것은 으뜸.

으뜸 바로 다음은 버금.

차

▪ **차례**
여럿을 일정하게 순서대로 늘어놓은 것.

▪ **차례차례**
차례에 따라서.

▪ **번**(번째)
차례나 횟수를 나타내는 말.

▪ **일등**
순서의 맨 처음.

▪ **꼴등**
순서의 맨 끝.

▪ **으뜸**
많은 것 가운데 가장 뛰어난 것. 첫째.

▪ **버금**
으뜸의 다음. 둘째.

초비는 정말 **수학**을 잘하나 봐.

수를 공부하는 학문은 (수학 | 음악)

1, 2, 3, 4, 5는 숫자.

수학, 숫자에 들어가는 '수'는 모두

숫자 **수(數)**.

초비가 받은 수학 **점수**는? (100점 | 10점)

이제, 초비 용돈 **액수**가 달라지겠는걸.

어? 그런데 갑자기 단비의 **말수**가 적어졌네!

성적을 나타내는 숫자는 •   • 점수

돈이 얼마인지 나타내는 수 •   • 말수

사람이 입으로 하는 말의 수는 •   • 액수

한 마리의 고양이와 여러 마리의
쥐가 싸우면 누가 이길까?

수가 많은 건 (다수 | 소수)

수가 적은 건 (다수 | 소수)

數
숫자 수

- **수학**(**數** 學배우다 학)
  수를 공부하는 학문.
- **점수**(點점점 **數**)
  성적을 나타내는 숫자.
- **액수**(額머릿수 액 **數**)
  돈이 얼마인지 나타내는 숫자.
- **말수**(말 **數**)
  말을 얼마나 많이 하는지 나타내는 숫자.
- **다수**(多많다 다 **數**)
  많은 수.
- **소수**(少적다 소 **數**)
  적은 수.

> **정답** 104쪽

1 물건을 세는 말이 어울리도록 짝 지으세요.

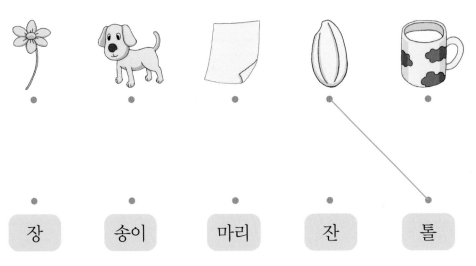

| 장 | 송이 | 마리 | 잔 | 톨 |

2 다음 중 차례를 나타내는 말에 색칠하세요.

장	세 번째	명
마리	으뜸	톨
잔	송이	버금

3 다음 빈칸에 공통으로 들어가는 말을 한글로 바르게 써 보세요.

넌 소ㅁ고,
우리는 다ㅁ야.

오!우리 집안에
드디어 ㅁ학
천재가!

어쭈!

숫자 數

4 다음 빈칸에 있는 글씨를 예쁘게 따라서 써 보세요.

· 여러 사람이 줄을 서서 |차|례|를 기다리고 있어.

· 수를 공부하는 학문은 수|학|

5 다음 빈칸에 알맞은 말을 예쁘게 써 보세요.

· 많은 것 가운데 가장 뛰어난 것은 으|　|

· 으뜸 바로 다음 가는 것은 버|　|

숫자 일 이 들어가는 말

산삼에서 삼은 숫자 3이 아냐.

1~5까지의 숫자가 들어가는 낱말을 알아볼까?

| 1은 하나
일(一) | 여럿 가운데 첫째는 • | • 제일 |
| | 한 번에 두 가지 이득을 얻는 건 • | • 일거양득 |

| 2는 둘
이(二) | 몸과 땅은 둘이 아니라 하나야 • | • 이중창 |
| | 둘이 부르는 노래는 • | • 신토불이 |

| 3은 셋
삼(三) | 사람은 둘인데 다리는 세 개 • | • 이인삼각 |
| | 아빠의 남동생은 • | • 삼촌 |

| 4는 넷
사(四) | 봄, 여름, 가을, 겨울은 • | • 사각형 |
| | 네모난 도형은 • | • 사계절 |

| 5는 다섯
오(五) | 다섯 가지의 맛이 나는 열매는 • | • 오륜기 |
| | 동그라미가 5개 있는 올림픽기는 • | • 오미자 |

> **정답** 104쪽

일~오   제일, 이중창, 이인삼각, 사각형, 오륜기

6~9까지의 숫자가 들어가는 낱말은 뭐가 있지?

| 6은 여섯 육(六) | 네모기둥은 면이 여섯 개라 | • | • 육각형 |
| | 벌집 모양은 각이 여섯 개 있는 | • | • 육면체 |

| 7은 일곱 칠(七) | 일곱 형제는 | • | • 칠형제 |
| | 북쪽에 있는 일곱 개의 별은 | • | • 북두칠성 |

| 8은 여덟 팔(八) | 무엇이든 다 잘하는 사람은 | • | • 팔방미인 |
| | 우리나라 땅을 부르는 다른 말은 | • | • 팔도강산 |

| 9는 아홉 구(九) | 꼬리가 아홉 달린 여우는 | • | • 구구단 |
| | 곱셈을 하려면 꼭 외워야 하는 | • | • 구미호 |

> **정답** 104쪽

십자가가 정말 많아.

교회 꼭대기에는 뭐가 있지?

(십자가 | 십자수)

십자가는 열 '(十)' 자처럼 생겼어.

열 십(十)

빨간색 십자가는   •   •십자로

십(十) 자 모양의 길은 •   •적십자

십(十) 자처럼 생긴 건 또 뭐가 있을까?

십(十) 자 모양으로 수를 놓는 건?   (십자수 | 십자못)

대가리에 십(十)자 모양의 홈이 파인 못은?   (십자못 | 십자수)

十
열 십

▪ **십자수**
실을 '十' 자 모양으로 엇갈려 놓는 수.

▪ **적십자(赤十字)**
붉은 자 모양.

▪ **십사로(十字路)**
네거리.

▪ **십장생(十長生)**
오래 산다는 열 가지. 해, 산, 물, 돌, 구름, 소나무, 불로초, 거북, 학, 사슴.

▪ **십시일반(十匙一飯)**
열 사람이 밥 한 숟가락씩 보태면 한 사람이 먹을 밥 양이 됨. 여럿이 힘을 합함.

오래오래 살고 죽지 않는다는
열 가지는 **십장생**.

열 사람이 한 숟가락씩 모아
밥 한 공기가 되는 건 **십시일반**.

십시일반은 여러 사람이 조금씩 힘을 보태
한 사람을 돕는다는 뜻의 한자말이야.

> **정답** 104쪽

1 다음 중 숫자가 들어가는 낱말이 <u>아닌</u> 것은? (   )

① 이중창

② 산삼

③ 사각형

④ 이인삼각

2 숫자와 어울리는 낱말을 짝 지으세요.

6	7	8	9
•	•	•	•

•	•	•	•

북두칠성	구미호	육면체	팔도강산

3 다음의 뜻에 맞는 낱말을 선으로 이어 보세요.

교회 꼭대기에 달려 있는 건 •   • 적십자

십자 모양의 길 •   • 십자수

열십자로 놓는 수는 •   • 십자가

빨간색 십자가는 •   • 십자로

---

4 다음 빈칸에 있는 글씨를 예쁘게 따라서 써 보세요.

· 몸과 땅은 둘이 아니라 하나야. 신토 불 이

· 무엇이든 다 잘하는 사람은 팔 방 미인

---

5 다음 빈칸에 알맞은 말을 예쁘게 써 보세요.

· 동그라미가 5개 있는 올림픽기는 □ 륜기

· 꼬리가 아홉 달린 어우는 □ 미호

백·천·만

숫자 백이 들어가는 말

이번엔 반드시 이길 거야.

흥! 숫자 놀이는 나한테 안 될걸?

이번엔 내가 먼저 한다.

좋을 대로!

숫자 천이 들어가는 말은?

천리마.

하나 더!

무궁화 삼천리! 화려강산! 삼천리.

역시 강적이군.

이번엔 나야. 숫자 백이 들어가는 말은?

배, 백조.

땡! 이번에도 틀렸어. 그건, 숫자 백이 아니라 '흰 백'이야.

또 당했다.

단비를 위해 숫자 백(百)이 들어가는 말을 먼저 배워 볼까?

백조의 '백'은 흰 백(白),
숫자 '백'은 일백 백(白).
흰 백에 일을 더하면 숫자 백이 돼.

白　　　+　　一　　　=　　百
흰 백　　　　　　하나 일　　　　　일백 백

숫자 백이 들어가는 낱말은 무엇이 있을까?

백 번 쏘아 백 번 다 맞히는 건　·　　·백년해로
결혼해서 백 년 동안 같이 살면　·　　·백발백중

열까지는 금방 셀 수 있지만
백까지 세려면 시간이 많이 걸리지.
숫자 100은 굉장히 많은 수야.
그래서 숫자 백은 '많다'라는 뜻이 있어.

百
일백 백

- **백발백중**(百發百中)
  활을 백 번 쏘면 백 번
  다 맞힘.
- **백년해로**(百年偕老)
  부부가 함께 살며
  사이좋게 늙음.
- **백화점**(百貨店)
  온갖 물건을 한데 모아
  놓고 파는 매우 큰 상점.
- **백과사전**(百科辭典)
  모든 분야에 걸쳐
  풀이해 놓은 사전.

> 정답 104쪽

많은 지식이 있어요.

?

많은 물건을 팔아요.

백화점은 여러 가지
많은 물건을 파는 곳이야.
백과사전도 마찬가지.
백 가지 지식만이 아니라
많은 지식이 담긴 책이야.

백·천·만　　백발백중, 백년해로, 백과사전, 백화점

숫자 1,000은 '천'이야.

일천 천(千)

천 개의 한자로 되어 있는 책의 제목은?

(천자문 ┃ 만자문)

그럼 천리마는 무슨 뜻일까?

맞는 말에 ○표 해 봐!

하루에 천 리를 달리는 말이야. (   )

천 리 밖에 있는 것도 볼 수 있는 눈이야. (   )

천 리 밖에 있는 것도 볼 수 있는 눈은 천리안이지.

백 원이 몇 개 있어야 천 원이 될까?

100원이 10개 모이면 1,000원이야. (   )

100원이 100개 모여야 1,000원이야. (   )

다음 말들도 숫자 천이 들어가.

위험하기 짝이 없는 건 •   • 위험천만

정말 많이 고생하는 건 •   • 천신만고

위험천만한 상황에서도 안전하다니

천 번, 만 번 다행이야. 이런 걸 천만다행이라고 해.

千
일천 천

■ **천자문**(千 字글자 자 文글 문)
기초 한자 1천 글자를 적어
놓은 책.

■ **천리마**(千 里거리 리 馬말 마)
하루에 천 리를 달린다는
말. 매우 빠른 말.

■ **천리안**(千 里 眼눈 안)
천 리 밖을 볼 수 있는 눈.

■ **위험천만**
(危위험 위 險험하다 험 千萬)
몹시 위험함.

■ **천신만고**
(千 辛고생 신 萬 苦괴롭다 고)
온갖 고생을 다함.

■ **천만다행**
(千萬 多많다 다 幸다행 행)
몹시 다행한 일.

초비는 저축왕!
100원짜리 동전으로 만 원을 모았어.
만 원이면 100원짜리 동전이 몇 개일까?
(10개 | 100개)
만은 정말 큰 수지?
일만 **만(萬)**.

숫자 만도 '백'이니 '천'처럼 '매우 많다'는 뜻이 있어.

세상에 있는 모든 것은   •   • 만물상

필요한 온갖 물건을 파는 가게는   •   • 만물박사

모르는 것이 없는 사람은   •   • 만물

만물, 만물상, 만물박사에서 '만'은
'많은 것', '모든 것'이라는 뜻이야.

만 번에 한 번 있을까 말까 한 일은?
(만일 | 만물)
사람은 항상 **만일**을 대비해야 해.

만일이랑 비슷한 말은?
(만약 | 만감)

萬
일만 만

- **만물상**
  (萬 物물건물 商장사상)
  생활에 필요한 온갖
  물건을 파는 사람.
- **만물박사**
  (萬物 博넓나박 士선비사)
  여러 가지 것들을 매우 잘
  아는 사람.
- **만물(萬物)**
  온갖 물건.
- **만일(萬一)**
  만에 하나.
- **만약(萬 若만약약)**
  만일.

> **정답** 104쪽

1 다음 중 숫자 '백(百)'이 들어가지 <u>않는</u> 낱말은 무엇일까요? (   )

① 백화점

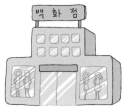

② 백과사전

③ 백조

④ 백발백중

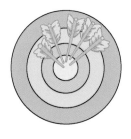

2 숫자 '천'이 들어가는 낱말과 알맞은 뜻을 짝 지으세요.

천자문 •

• 온갖 어려운 고비를 겪으며 고생함

천리안 •

• 천 리 밖을 볼 수 있는 눈

천신만고 •

• 천 자의 한자가 쓰여 있는 책

3 초비가 모은 동전은 모두 얼마일까요?

원

4 다음 빈칸에 있는 글씨를 예쁘게 따라서 써 보세요.

· 결혼해서 오래오래 함께 사는 걸 백 년해로라고 해.

· 천 리 밖에 있는 것도 볼 수 있을 정도로 좋은 눈은 천 리안.

· 모르는 것이 없는 사람을 만 물박사라고 불러.

5 다음 빈칸에 한자의 음을 예쁘게 써 보세요.

일백 百 □   일천 千 □   일만 萬 □

> 정답 104쪽

각 기차에는 나머지와 사이가 먼 낱말이 하나씩 들어 있어요.
어느 칸에 있는지 찾아보세요.

2장 시간

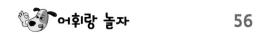

시간

지금 시간은 12시 5분 전

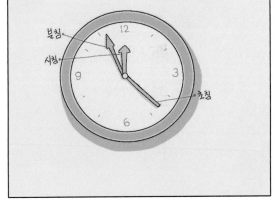

분침이 네 바퀴를 더 돌면 분침과 시침이 만날 수 있어.

32

1분에 시계 한 바퀴를 도는

제일 바쁜 바늘은 초침,

1시간 동안 시계 한 바퀴를 도는

길쭉이 바늘은 분침,

12시간 동안 시계 한 바퀴를 도는

느림보 바늘은 시침이야.

시침이 가리키는 건   ·   · 초

분침이 가리키는 건   ·   · 분

초침이 가리키는 건   ·   · 시

다음 시계들 중 3시를 가리키는 시계를 찾아 봐. (   )

①   ②    ③

첫 번째 벽걸이 시계는 시침이 6에 가 있으니까 여섯 시,

두 번째 손목시계는 시침이 3에 가 있으니까 세 시,

세 번째 탁상시계는 시침이 9에 가 있으니까 아홉 시야.

시간

초(秒 초침초)
1은 1분을 60으로 나눈
것의 하나.

분(分 나누다 분)
1분은 1시간을 60으로
나눈 것의 하나.

시(時 때 시)
하루를 24로 나눈 단위.

초침(秒 針 바늘 침)
초를 가리키는 시곗바늘.

분침(分 針)
분을 가리키는 시곗바늘.

시침(時 針)
시를 가리키는 시곗바늘.

> 정답 105쪽

시간   시침, 분침, 초침을 보면 시간을 알 수 있어.

초비가 일요일 꼭두새벽부터
주무시는 엄마, 아빠를 깨우고 있어.
꼭두새벽은 아주 이른 새벽.

그럼 그냥 새벽은 언제지? (　　　)

① 해님이 나오려고 할 무렵이야.
② 해님이 나온 다음부터 낮 12시까지야.

해님이 나온 다음부터 낮 12시까지는 아침이야.
그럼 아침 다음은?

힌닛 12시 즈음　•　　　　　•　짐심
해가 질 무렵　•　　　　　•　저녁

해가 질 무렵부터 어두워질 때까지는 저녁,
어두워진 다음부터 다음 날 해가 뜰 때까지는 밤.

그럼 밤 12시부터 낮 12시까지는 뭐라고 하지?
(오전 | 오후)
오후는 낮 12시부터 밤 12시까지.
오전 12시간, 오후 12시간을 모두 합하면 하루야.

꼭두새벽
아주 이른 새벽.

새벽
해 뜨기 전에 날이 밝아 올
무렵.

오전
밤 12시부터
낮 12시까지의 시간.

오후
낮 12시부터
밤 12시까지의 시간.

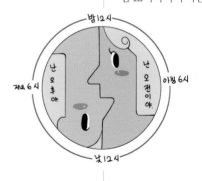

지금
몇 시예요?

시계탑의 시계를 보니
지금 시간은 (1시 | 2시)야.
시간은 시계를 보면 알 수 있지.

시간과 시계의 시는 모두
때 시(時).

시간을 나누어 할 일을 적은 표는? (시간표 | 시계탑)

잠깐 동안, 짧은 시간은 •	• 동시
같은 때나 같은 시기는 •	• 잠시
수업 시간을 세는 단위는 •	• 교시

어렸을 때는 어린 시절,
젊었을 때는 젊은 시절.
시절은 때라는 뜻이야.

나도 걸음마 하던
시절이 있었지.

할머니가 해 주시는 옛날이야기는
호랑이 담배 피우던 시절 얘기야.

역사에서 중요한 시간을 나눌 때는 시대라는 말을 써.
고구려, 백제, 신라의 세 나라가 맞서 있던 시대는 삼국 시대.
한글을 만드신 세종 대왕은 조선 시대 임금님이야.

時
때 시

시계(時 計세다 계)
시간을 알려 주는 물건.

시계탑(時計 塔탑 탑)
큰 시계를 달아 세운 탑.

시간표(時間 表표 표)
할 일을 시간에 따라
나누어 쓴 표.

동시(同같다 동 時)
같은 때.

교시(校학교 교 時)
학교의 수업 시간을
세는 단위.

잠시(暫잠깐 잠 時)
잠깐 동안. 짧은 시간.

시절(時 節철 절)
어느 한 때.

시대(時 代시대 대)
역사적으로 구분한
일정한 시간.

> 정답 105쪽

35

1 시계가 가리키는 시간이 몇 시인지 짝 지으세요.

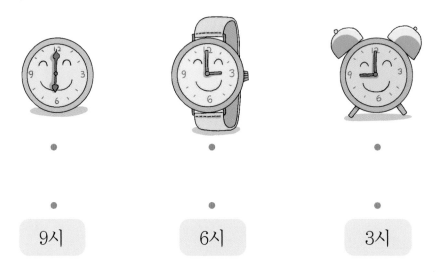

9시   6시   3시

2 끊어진 울타리를 이어 오전과 오후를 나누어 보세요.

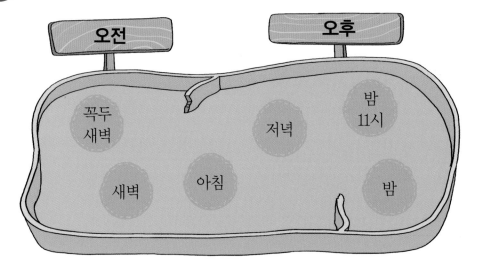

3 시간을 나타내는 '시(時)'가 들어가는 낱말에 색칠하세요.

시계   시간표   시절

시청   시간   시력 검사

---

4 다음 빈칸에 있는 글씨를 예쁘게 따라서 써 보세요.

· 시침이 가리키는 건   시

· 분침이 가리키는 건   분

---

5 다음 빈칸에 알맞은 말을 예쁘게 써 보세요.

· 아주 이른 새벽은 꼭 [ ] 새벽

· 낮 12시부터 밤 12시까지는 오 [ ]

일·주

모레 다음 날은 글피야

오늘 다음 날은 내일, 내일 다음 날은 모레, 모레 다음 날은 글피야.

어제의 다음 날은 오늘이야.

다음 날들의 이름을 더 알아보자.

오늘의 다음 날은 ·   · 글피

내일의 다음 날은 ·   · 내일

모레의 다음 날은 ·   · 모레

전날에도 이름이 있는 거 알아?

오늘의 하루 전날은? 어저께

어저께의 하루 전날은? 그저께

바로 며칠 전은 모두 엊그저께

어저께는 어제,
그저께는 그제,
엊그저께는 엊그제라고
해도 돼.

날
오늘 지금인 날.
내일 오늘의 다음 날. 하루 뒤.
모레 내일의 다음 날. 이틀 뒤.
글피 모레의 다음 날. 사흘 뒤.
어저께 어제. 오늘의 전날.
그저께 그제. 어제의 전날.
엊그저께 엊그제. 바로 며칠 전.

이저께	그저께	모레	내일

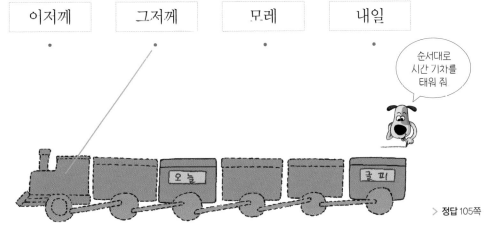

순서대로
시간 기차를
태워 줘

오늘   글피

> 정답 105쪽

날   그저께 → 어저께 → 오늘 → 내일 → 모레 → 글피

엄마,
일요일은 또
언제 돌아와요?

오늘은 신나는 일요일!

그럼 내일은 무슨 요일이지?

(토요일 | 월요일)

내일은 월요일, 모레는 화요일

월, 화, 수, 목, 금, 토, 일

7일이 지나야 다시 일요일이야.

일주일 안에는 몇 개의 요일이 있을까? (   )개

오늘은 14일, 일요일이야.

초비 생일은 다음 주 수요일이래.

그럼 초비 생일은 며칠일까? (10일 | 24일)

엄마,
내 생일
언제예요?

다음 주
수요일이야.

지금 내가 보내고 있는 일주일은? 이번 주

이번 주 다음에 오는 일주일은? 다음 주

이번 주의 바로 전 일주일은? 지난주

위에 있는 달력을 보고
줄 긋기를 해 봐.

요일

▪ **요일**(曜요일요 日)
일주일에서 각각의 날.

▪ **이번 주**
지금 보내고 있는 주.

▪ **다음 주**
이번 주 다음에 오는 주.

▪ **지난주**
이번 주의 바로 전주.

7일~13일은   ·   · 이번 주

14일~20일은 ·   · 지난주

21일~27일은 ·   · 다음 주

일기는 매일 써야지.

그제, 어제, 오늘. 날마다는 매일.

매일 있었던 일을 적는 건 일기.

오늘의 다음 날은 내일.

매일, 일기, 내일에 쓰인 '일'은

모두 날 ☐ (日).

7일은 일주일이야.

일주일의 시작은 •   • 주말

일주일의 끝은 •   • 주

어울리는 것끼리 선을 그어 봐.

일주일의 '주'는 돌다 주(週).

'월, 화, 수, 목, 금, 토, 일'

7일이 한 번 도는 게 일주일이야.

엄마, 아빠한테 결혼 몇 주년인지 살짝 여쭈어봐.

1년이 돌고 도는 건 주년,

초비의 누나 단비는 태어난 지 7주년,

올해는 우리 엄마, 아빠 결혼 (   )주년.

日
날 일

- **일기**(日 記쓰다 기)
  그날 있었던 일을 간단하게 적은 글.
- **매일**(每매양 매 日)
  날마다.

週
돌다 주

- **일주일**(一 週 日)
  월, 화, 수, 목, 금, 토, 일 7일 동안.
- **주년**(週 年해 년)
  1년을 단위로 해서 해마다 돌아오는 날.

> **정답** 105쪽

41

1 서로 어울리는 것끼리 짝 지으세요.

내일

어제

그저께

모레

오늘

2 다음 '돌다 주(週)'가 들어가는 낱말과 알맞은 뜻풀이를 짝 지으세요.

지난주 ●

● 이번 주의 바로 전 일주일

일주일 ●

● 토요일부터 일요일까지

주말 ●

● 월, 화, 수, 목, 금, 토, 일

> 정답 105쪽

3 다음 빈칸에 공통으로 들어가는 말을 오른쪽에 바르게 써 보세요.

4 다음 빈칸에 있는 글씨를 예쁘게 따라서 써 보세요.

5 다음에서 빠진 요일을 빈칸에 예쁘게 써 주세요.

월			목		토	

내 생일은 몇 월이지?

6월은 유월, 10월은 시월이라고 말하는 거야.

초비 엄마의 생신은 몇 월이지? (사월 | 시월)

그럼 초비 아빠의 생신은? (유월 | 오월)

6월은 유월, 10월은 시월이라고 읽어야 편해.

1년은 열두 달, 365일이야.

1년 열두 달의 날짜와 요일을 적어 놓은 것은?

(달력 | 음력)

음력은 달의 모양이 바뀌는 것에 따라 만든 달력이야.

> **정답** 105쪽

달

- **유월**
  한 해의 여섯째 달.
- **시월**
  한 해의 열째 달.
- **달력**
  일 년의 날짜를 각 달에 따라 요일과 함께 적어 놓은 물건.
- **음력**(陰달음 曆달력력)
  달이 지구를 한 바퀴 도는 시간을 기준으로 해서 만든 달력.

달·해　　　6월은 유월, 10월은 시월, 1년은 열두 달, 365일

새해가 밝았어.

초비네 가족이 새해 해돋이를 보고 있어.

새로 시작되는 1년은 • • 해돋이

해가 솟아오르는 것은 • • 새해

지금 우리가 살고 있는 해는 올해,

올해가 되기 전 1년은 지난 해 ,

올해 다음에 오는 1년은 다음 해야.

지구는 해님 주위를 1년에 한 바퀴 돌아.

그래서 1년을 한 해라고 해.

1년이 지나 새해가 되는 걸 다른 말로

해가 (바뀌다 | 지다)

해가 지는 건 저녁에 해가 서쪽으로 넘어가는 거야.

해가 지다의 반대말은? 해가 (뜨다 | 바뀌다)

해가 길다, 해가 짧다는 말도 있어.

해가 길다 • • 하루의 낮이 길다

해가 짧다 • • 하루의 낮이 짧다

여름엔 해가 길고 겨울엔 해가 짧아.

해가 많이 길어졌네?

해도 키가 자라?

-해-

해돋이[해도지]
해가 솟아오르는 것.
해가 바뀌다
다음 해가 되다.
해가 뜨다
날이 밝아지다.
⊞ 해가 지다.
해가 길다
하루의 낮 시간이 길다.
⊞ 해가 짧다.

46

오늘은 1월 13일 월요일.

오늘은 1월 13일 그리고 월요일이래.

1월의 '월'과 월요일의 '월'은 모두

달 월(月).

한 달이 시작할 무렵은 •   • 월초

한 달이 끝나갈 무렵은 •   • 월말

한 달에 한 번 나오는 잡지는 월간지.

아빠가 한 달에 한 번 벌어 오시는 돈은 월급.

한 달, 두 달, 달을 셀 때는 개 ☐ .

한 달 단위로 일어나는 일에는 달 월(月)이 많이 쓰여.

1년 단위로 일어나는 일에는 해 년(年)이 많이 쓰이지.

낱말의 앞에 올 때는 '연',

낱말의 뒤에 올 때는 '년'이라고 쓰고 읽어.

月
달 월

▪ **월간지**
(月 刊책펴내다 간 誌기록하다 지)
한 달에 한 번 나오는 잡지.

▪ **월급**(月 給주다 급)
일한 데서 달마다 받는 돈.

▪ **개월**(個하나 개 月)
달을 세는 단위.

年
해 년

1년이 시작할 무렵 •   • 연말

1년이 끝나갈 무렵 •   • 연초

나도 단비 누나 따라 학교 갈래.

1년만 참아.

1년 동안 곡식이 잘 자라

수확이 많은 해는 (풍년 | 풍속)

▪ **연말**(年 末끝 말)
한 해의 마지막 무렵.

▪ **연초**(年 初처음 초)
한 해의 처음 무렵.

▪ **풍년**(豊풍성하다 풍 年)
곡식이 잘 자라 다른
해보다 수확이 많은 해.

▷ **정답** 105쪽

47

1 다음 표현과 알맞은 뜻을 짝 지어 보세요.

해가 지다 ●　　　　　● 해가 동쪽에서 올라오다

해가 뜨다 ●　　　　　● 하루의 낮 시간이 짧다

해가 길다 ●　　　　　● 하루의 낮 시간이 길다

해가 짧다 ●　　　　　● 해가 서쪽으로 넘어가다

2 다음 중 맞는 말에 ○표, 틀린 말에 ×표 하세요.

1) 1년은 열두 달, 365일이야.　　　　　　　　　　　　(　　　)

2) 6월은 유월, 10월은 시월이라고 읽어야 해.　　　　(　　　)

3) 새로 시작되는 1년을 해돋이라고 해.　　　　　　　(　　　)

4) 올해가 되기 전 1년을 지난해라고 해.　　　　　　　(　　　)

> 정답 105쪽

3 '해돋이'를 바르게 읽은 사람은 누구일까요? (   )

새해가 밝았어.

①

해도디

②

해도치

③

해도지

④

해동이

4 다음 빈칸에 있는 글씨를 예쁘게 따라서 써 보세요.

· 한 달이 시작할 무렵은 월초, 끝나는 무렵은 　월　말

· 1년 동안 곡식이 잘 자라 수확이 많은 해는 　풍　년

5 다음 빈칸에 알맞은 말을 예쁘게 써 보세요.

· 1년은 열두 　　, 365 　　이야.

· 해가 막 솟아오르려고 하는 것은 　　돋이야.

사계절

봄, 여름, 가을, 겨울은 사계절

봄엔 꽃놀이.

여름엔 물놀이.

가을엔 단풍놀이.

겨울엔 눈싸움.

초비, 한여름에 겨울옷 입고 뭐 하고 있니?

엄마 겨울은 언제 와? 빨리 눈이 왔으면 좋겠어.

뭐? 빨리 옷 벗어. 보고만 있어도 덥다.

우리나라는 봄, 여름, 가을, 겨울 사계절이 있어서 참 좋아.

초비네 가족은 어떤 계절을 좋아할까?

 가을은 남자의 계절이지.

 난 꽃이 피는 봄.

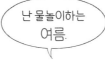 난 물놀이하는 여름.

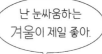 난 눈싸움하는 겨울이 제일 좋아.

봄, 여름, 가을, 겨울.

우리나라는 계절이 네 개라서

사계절이 있는 나라.

사계절은 다른 말로 사철이라고도 해.

사시사철은 1년 내내.

그럼 사시사철 푸르른 나무는?

(은행나무 | 사철나무)

계절

■ **사계절**(四季節)
네 계절. 봄, 여름, 가을, 겨울. 비 사철
■ **사시사철**(四時四철)
네 계절 내내. 일 년 내내.
■ **사철나무**
일 년 내내 푸른 나무.

> **정답** 105쪽

달·해　봄, 여름, 가을, 겨울,
사계절, 사철, 사시사철, 사철나무

초비가 쫑쫑쫑 노랑 병아리를 따라
봄나들이를 가고 있어.
봄에는 따스한 바람이 불고,
추위를 녹이는 따사로운 햇볕도 들어.

봄에 드는 볕은   •   • 봄볕
봄에 부는 바람은 •   • 봄바람

봄바람은 한자어로 (춘풍 | 추풍)
봄을 뜻하는 한자는 봄 춘(春).

봄이 지나고 여름이 되면
날이 더워지기 시작해.
여름이 시작되는 시기는 초여름.

여름엔 더우니까 짧은 옷을 입지.
짧은 여름옷은 (하복 | 동복)
여름은 한자로, 여름 하(夏).

여름에 열리는 올림픽은 •   • 하기 방학
여름방학은 다른 말로   •   • 하계 올림픽

春
봄춘

▪ 봄나들이
봄에 산이나 들로
놀러 나가는 일.
▪ 춘풍(春 風바람풍)
봄바람.

夏
여름하

▪ 초여름(初여름)
여름이 시작되는 처음
무렵.
▪ 하복(夏 服옷복)
여름에 입는 옷.
▪ 하계 올림픽(夏季 올림픽)
여름철에 열리는 올림픽.

엄마, 일 년 내내 추석이었으면 좋겠어요.

차례 지내고 먹어!

秋
가을 추

가을걷이(= 추수)
가을에 익은 곡식을 거두어들이는 일.

추석(秋 夕저녁 석)
우리나라 명절의 하나. 음력 8월 15일. 한가위.

冬
겨울 동

겨울바람
겨울에 부는 바람.

동지(冬 至이르다 지)
일 년 중 낮이 가장 짧고 밤이 가장 긴 날.

동지섣달
음력 11월과 12월. 한겨울.

가을에 익은 곡식을 거두어들이는 일은

(가을걷이 | 가을갈이)

가을걷이는 한자말로 추수라고 해.

가을엔 우리나라의 가장 큰 명절인 추석도 있지.

추수, 추석의 '추'는 모두 가을 추(秋).

손이 시려워, 꽁! 발이 시려워, 꽁!

겨울에 씽씽 부는 **겨울바람** 때문에.

겨울은 한자로 '동'이야. 겨울 동(冬).

그래서 겨울에 입는 옷은 동복.

이제 헤어질 시간이야.

꼭 겨울잠을 자야 하나요?

겨울에 밤이 제일 긴 날은   •   • 동면

곰이나 개구리가 겨울 동안 자는 잠은   •   • 동지

겨울에 밤이 제일 긴 날은 동지.

그래서 밤이 길고 추운 한겨울을 동지섣달이라고도 해.

〉 정답 105쪽

53

 어휘 확인

1 계절의 모습과 어울리지 않는 걸 하나씩 찾아 ○표 하세요.

1)

2)

3)

4)

---

2 계절에 대한 이야기 중 맞으면 ○표, 틀리면 ×표 하세요.

1) 여름이 끝나갈 무렵을 초여름이라고 해.　　　(　　)

2) 봄에 드는 따뜻한 햇볕이 봄볕이야.　　　(　　)

3) 가을걷이는 다른 말로 추석이라고도 해.　　　(　　)

4) 겨울에 밤이 제일 긴 날은 동지야.　　　(　　)

> 정답 105쪽

3 다음 낱말과 알맞은 뜻풀이를 짝 지으세요.

봄나들이 •　　　　　 • 동물들이 겨울잠을 자는 것

하기 방학 •　　　　　 • 봄, 여름, 가을, 겨울

사계절 •　　　　　 • 봄을 맞으러 밖에 나가는 것

동면 •　　　　　 • 여름에 하는 방학

---

4 다음 빈칸에 있는 글씨를 예쁘게 따라서 써 보세요.

· 봄, 여름, 가을, 겨울은 한자로 춘 하 추 동

· 여름에 입는 옷은 하 복, 겨울에 입는 옷은 동 복

---

5 다음 빈칸에 알맞은 말을 예쁘게 써 보세요.

· 봄, 여름, 가을, 겨울. 계절이 네 개라서 ☐계절

· 사시사철 푸르른 나무는 사☐나무

 어휘랑 놀자

초비네 가족이 하는 말을 잘 보고 퍼즐 조각에 색을 칠해 봐.

하루의 시간을
나타내는 낱말은 빨간색.

달과 관련한 시간을
나타내는 낱말은 노란색.

1년의 시간을
나타내는 말은 연두색.

계절을 나타내는 낱말은
파란색으로 칠해 봐.

새벽 　 월급 　 연 　 봄나들이
하복 　 점심 　 월간지 　 풍년
연말 　 동면 　 저녁 　 시월
유월 　 지난해 　 가을걷이 　 오전

3장 날씨

날씨

초비의 오늘 날씨는?

초비의 오늘 날씨는 맑음일까, 흐림일까?

구름이 많은지 적은지,
비나 눈이 내리지는 않는지,
덥거나 춥지는 않은지를 나타내는 게 **날씨**야.

선 긋기야 알지?

해님이 쨍쨍 비치는 날은 • • 눈

구름이 해님을 가린 날은 • • 비

비가 내리는 날은 • • 흐림

눈이 내리는 날은 • • 맑음

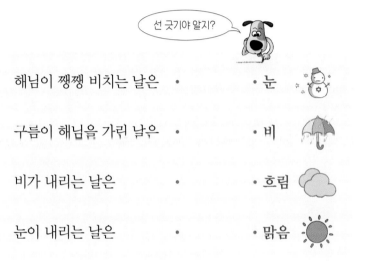

텔레비전에서 내일 날씨를 알려 주고 있어.
날씨를 미리 알려 주는 건? **일기예보**

내일 날씨를 맞게 그린 것에 ○표 해 봐.

내일은 구름이
다소 낀
대세로 맑은 날씨…

> **정답** 106쪽

날씨

- **눈**
  겨울에 공기 중에 있는
  물기가 얼어서 땅 위에
  내리는 하얀 물질.
- **비**
  구름에서 내리는 물방울.
- **흐림**
  구름이 끼어 날이
  밝지 않음.
- **맑음**
  구름이 끼지 않아
  날씨가 좋음.
- **일기**(日 날 일 氣 기운 기)
  날씨의 변화.
- **일기예보**
  (日 氣 豫 미리 예 報 알리다 보)
  기상청에서 날씨의
  변화를 미리 알려 주는 일.

날씨

맑음, 흐림, 눈, 비, 일기예보

오늘 38도나 되네?

멍~ 나, 더위 먹었나 봐.

여름철의 더운 날씨를 더위라고 해.
온도가 높아 견디기 힘든 더위는

무 | 더 | 위

너무 더워서 몸이 이상해지는 건
더위를 먹다.

한여름엔 밤에도 더위가 가시지 않아.
이런 건 (열대야 | 세숫대야)
열대야의 '열'은 덥다 열(熱).

더위를 잊으려면 어떻게 할까?
뜨거운 삼계탕을 먹으면
더위가 저만큼 달아난대.
이런 건 이열치열.

시원하다!

난 뜨거운데.

덥다고 냉장고에서 시원한 냉수만 찾거나
냉방이 잘 된 곳에만 있다간 큰일나!
냉장고, 냉수, 냉방의 '냉'은 모두 차다 냉 (冷).

그럼 더울 때 먹는 차가운 국수는 뭐지? (냉면 | 라면)

더위

- **더위를 먹다**
  더운 날씨 때문에 병에 걸리다.

熱
덥디 열

- **열대야(熱** 띠 대 **夜** 밤 야)
  밤 밖의 온도가 25℃
  이상인 무더운 밤.
- **이열치열(以熱 治** 다스릴 치 **熱)**
  열은 열로 다스림.

冷
차다 냉

- **냉수(冷水)**
  찬물.
- **냉면(冷 麵** 밀가루 면)
  차게 해서 먹는 국수.

아이고, 추워!

겨울철 추운 날씨는 추위,

견디기 힘들 정도의 추위는 강추위,

겨울이 지나도 남아 있는 추위는 늦 추 위 .

그럼, 꽃이 필 무렵의 추위는 뭐라고 하지?

(꽃샘추위 | 꽃바람)

꽃샘추위까지 지나면 따뜻한 봄이 와.

추위를 견디려면 따뜻한 옷을 입어야 해.

추위를 이기는 옷은   •   • 방한복

추위를 이기는 모자는 •   • 방한모

춥다는 한자로 '한'이야. 춥다 ☐ (寒).

추위를 이기려면 어떻게 할까?

따끈한 온수로 목욕하고,

뜨끈뜨끈한 온돌방에

이불 덮고 누우면

아, 정말 따뜻해.

시원하다!

난 뜨거운데.

온돌방, 온수의 '온'은 따뜻하다 ☐ (溫).

추위

꽃샘추위
이른 봄, 꽃이 필 때쯤
닥치는 추위.

寒
춥다 한

방한모
(防막다방 寒 帽모자모)
추위를 막는 모자.

방한복(防寒 服옷복)
추위를 막는 두툼한 옷.

溫
따뜻하다 온

온돌방
방바닥을 덥게 하여 안을
따뜻하게 만드는 방.

> 정답 106쪽

61

1 서로 어울리는 것끼리 짝 지으세요.

● ● ● ●

● ● ● ●

| 비가 오는 날씨 | 햇빛 쨍쨍 화창한 날씨 | 구름이 많이 끼는 날씨 | 눈이 오는 날씨 |

---

2 추운 날씨와 짝이 되는 말을 파란색으로 색칠하세요.

열대야	방한모	무더위
강추위		꽃샘추위
소나기	방한복	이열치열

3 더운 날씨와 짝이 되는 말을 빨간색으로 색칠하세요.

열대야	방한모	무더위
강추위		꽃샘추위
더위를 먹다	방한복	이열치열

4 다음 빈칸에 있는 글씨를 예쁘게 따라서 써 보세요.

날씨를 미리 알려 주는 건
일 기 예 보 야.

5 다음 빈칸에 알맞은 말을 예쁘게 써 보세요.

· 뜨거운 음식을 먹으며 더위를 잊는 건 이 ☐ 치 ☐

· 꽃이 필 무렵에 찾아오는 늦추위는 ☐ 샘추위

바람·구름

해와 구름의 내기

해님이 나그네 옷 벗겼던 것도 옛말이군.

구름은 모양에 따라 여러 가지 이름이 있어.

이름에 어울리는 구름 사진을 찾아 봐.

뭉게뭉게 뭉게구름 ·

새털 같은 새털구름 ·

양떼 같은 양떼구름 ·

구름들이 여러 조각으로 나뉘어 있으면 **조각구름**.

비를 몰고 다니는 시커먼 구름은?

(먹구름 | 뜬구름)

가뭄 끝에 내리는
비가 단비야.

네?
저 부르셨어요?

구름이 모두 심술꾸러기는 아니야.

구름이 없다면 농부 아저씨들이 기다리는

가뭄 끝의 단비도 없을 거야.

우리들이 좋아하는 눈도 구름이 내려 주지.

구름

구름
하늘에 작은 물방울이
모여서 솜처럼 떠 있는 것.

새털구름
깃털이나 줄무늬 모양의
구름. 맑은 날씨에 나타남.

뭉게구름
아래는 평평하고 위는
둥글게 솟아오른
큰 덩어리 모양의 구름.

양떼구름
높은 하늘에 크고
둥글둥글하게 덩어리진
구름.

조각구름
여러 조각으로 나뉘어
군데군데 떠 있는 구름.

먹구름
검은 구름.

단비
꼭 필요할 때에 알맞게
내리는 비.

> **정답** 106쪽

구름   뭉게구름, 새털구름, 양떼구름, 조각구름, 먹구름

난 회오리바람이야.
년 무슨 바람이니?

글쎄, 바람에도
이름이 있나?

바람에도 이름이 있지.
동그랗게 원을 그리며 부는 바람은
회오리바람.

손이 시려워, 꽁! 발이 시려워, 꽁!
겨울에 손발을 시리게 하는 바람은?
겨울바람이지.

불어오는 방향에 따라 바람의 이름도 달라져.

강에서 불어오는 바람은?   •   • **바닷바람**
산꼭대기에서 불어오는 바람은? •   • **산바람**
바다에서 불어오는 바람은?   •   • **강바람**

시원하고 기분 좋은 바람은 **산들바람**,
비가 내릴 때 부는 바람은 **비바람**이야.

불어오는 바람만 있는 건 아니야.
신나는 일이 있을 때 절로 **신바람**이 나.
신이 나서 기분이 우쭐해지는 건 **신바람**.

-바람

■ **회오리바람**(= 돌개바람)
나사 모양으로 빙빙 돌며
하늘로 올라가는 바람.

■ **바닷바람**
바다에서 불어오는 바람.

■ **산바람**
산꼭대기에서 불어오는
바람.

■ **강바람**
강에서 불어오는 바람.

■ **산들바람**
가볍고 시원하게 부는
바람.

■ **비바람**
비가 내리면서 부는 바람.

■ **신바람**
신이 나서 우쭐해지는
기분.

초비 속상해서 어떡해!

소풍 가서 받은 풍선이

강풍에 날아가 버렸네!

소풍, 풍선, 강풍의 '풍'은 모두

바람 풍(風).

야외로 놀러 가는 건 •	• 강풍
세게 부는 바람은 •	• 소풍
바람을 채운 고무주머니는 •	• 풍선

그럼, 풍차는 뭘까?

맞는 말에 O표 해 봐.

   바람의 힘으로 기계를 움직이는 장치야.   (   )

   전기로 날개를 돌려 바람을 일으키는 장치야.   (   )

바람이 풍차의 날개를 돌리면,

그 힘으로 기계가 움직여.

전기로 날개를 돌려

바람을 일키는 기계는 선풍기.

둘이 비슷하게 생겼어.

風
바람 풍

소풍(逍노닐다 소 風)
학생들이 선생님과 함께 학교 바깥으로 나가 사물을 보고 놀이를 즐기는 일.

풍선(風 船배 선)
고무나 비닐로 만든 주머니 안에 공기를 넣어 부풀려서 떠오르게 만든 물건.

강풍(強강하다 강 風)
매우 센 바람.

풍차(風 車차 차)
바람의 힘으로 돌리는 큰 바퀴 모양의 기계.

선풍기(扇부채 선 風機)
전기로 바람을 일으키는 기계.

> 정답 106쪽

67

어휘 확인

1 서로 어울리는 것끼리 짝 지으세요.

회오리바람 •   • 비가 내릴 때 부는 바람

비바람 •   • 동그랗게 원을 그리며 부는 바람

산바람 •   • 바다에서 불어오는 바람

바닷바람 •   • 산에서 불어오는 바람

---

2 다음 중 구름의 이름이 <u>잘못</u> 붙여진 것을 찾으세요. (   )

① 뭉게구름

② 양떼구름

③ 새털구름

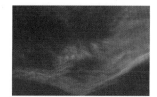

④ 먹구름

3 다음 빈칸에 공통으로 들어가는 말을 오른쪽에 바르게 써 보세요.

1) ☐선이 '빵' 하고 터졌다.

2) 날이 더우니 선☐기라도 틀자.

3) 불어라! 바람 ☐(風)

---

4 다음 빈칸에 있는 글씨를 예쁘게 따라서 써 보세요.

· 바람의 힘으로 기계를 움직이는 건 `풍` `차`

· 전기로 날개를 돌려 바람을 일으키는 건 `선` `풍` `기`

---

5 다음 빈칸에 알맞은 말을 예쁘게 써 보세요.

· 비를 몰고 다니는 시커먼 구름은 먹☐☐

· 바람과 함께 불어오는 눈은 ☐보라

비·눈

비 오는 날이 좋아

비가 와야 새로 산 장화를 신을 수 있어.

이슬처럼 내리는 비는 **이슬비**,
보슬보슬, 부슬부슬 가늘게 내리는 비는 **가랑비**,
주룩주룩 장대처럼 굵은 비는 **장대비**.

이 중에서 제일 가늘게 내리는 비는 뭐지?
(이슬비 | 장대비)

재미있는 비의 이름을 더 알아보자.

맑은 날 잠깐 오다 그치는 비는　·　　　·　**단비**

갑자기 세차게 내리는 비는　　·　　　·　**소나기**

꼭 필요할 때 알맞게 내리는 비는　·　　·　**여우비**

구름

- **여우비**
맑은 날 잠깐 내리는 비.
- **소나기**
갑자기 세차게 내리는 비.
- **단비**
꼭 필요할 때에 알맞게
내리는 비.
- **장마**
여름에 여러 날 동안
계속해서 비가 내리는
날씨.
- **장맛비**
장마 때 내리는 비.

> 정답 106쪽

비는 여름에 제일 많이 오지.
여름에 여러 날 계속해서
비가 내리는 건 장마.
장마 때 내리는 비는
(장맛비 | 장대비)

| 비 | 이슬비, 가랑비, 장대비, 여우비, 소나기, 단비, 장맛비 |

겨울에 처음 내리는 눈은 **첫눈**

내리는 모양에 따라 이름이 달라지는 눈.

어디 한번 알아볼까?

비가 섞여 내리는 눈은　　　　•　　　•**함박눈**

쌀알처럼 내리는 눈은　　　　•　　　•**싸라기눈**

굵고 탐스럽게 내리는 눈은　•　　　•**진눈깨비**

눈사람을 만들기 좋은 눈은? (함박눈 | 싸라기눈)

밤새 내린 **함박눈**으로

눈꽃이 활짝 피었어.

나뭇가지에 꽃처럼 쌓인 눈은

(눈꽃 | 눈물)

눈으로 만든 사람은　•　　•눈싸움

눈을 뭉쳐 싸우는 건　•　　•눈사람

눈

첫눈
겨울이 되어 처음
내리는 눈.

함박눈
굵고 탐스럽게 내리는 눈.

싸라기눈
쌀알처럼 내리는 눈.

진눈깨비
비가 섞여서 내리는 눈.

눈꽃
마치 꽃이 핀 것처럼
나뭇가지 위에 있는 눈.

초비와 단비가 비를 기다리며
비옷을 입고, 우산을 쓰고 있어.
비옷은 한자말로 우의.
비를 가리기 위해 쓰는 건 우산.

우산과 우의의 '우'는 비 ☐ (雨).

비 '우'가 들어가는 말들을 알아보자.

비가 얼마나 왔는지 재는 기구는 •
•측우기

비가 오기를 바라며 올리는 제사는 •
•기우제

옛날엔 비가 오지 않으면
농사를 망쳐서 온 나라가 걱정이었어.
그래서 임금님이 기우제를 지냈지.

밤사이 눈이 많이 내렸네!
갑자기 많이 내리는 눈은 폭설,
눈을 치우는 차는 제설차.

하얀 눈은 한자로, 눈 설(雪).
그럼 눈처럼 하얀 떡을 뭐라고 하지?

(백설기 | 시루떡)

雨 비 우

우의(雨 衣옷 의)
비에 젖지 않게 입는 옷.
측우기
(測헤아리다 측 雨 器)
조선 세종 때 만든, 비 온
양을 재던 물건.
기우제
(祈빌다 기 雨 祭제사 제)
비가 오지 않아 비를 내려
달라고 비는 제사.

雪 눈 설

폭설(暴갑자기 폭 雪)
갑자기 아주 많이
내리는 눈.
제설차(除덜다 제 雪 車차 차)
쌓인 눈을 치우는 차.

> 정답 106쪽

73

1 다음 낱말과 알맞은 뜻풀이를 짝 지으세요.

소나기 •

단비 •

가랑비 •

장대비 •

• 장대처럼 굵은 비

• 갑자기 세차게 내리는 비

• 꼭 필요한 때 알맞게 내리는 비

• 부슬부슬 가늘게 내리는 비

2 다음 중 눈에 대해 <u>잘못</u> 말하고 있는 것을 찾으세요. (   )

① 비가 섞여 내리는 눈은 진눈깨비야.

② 굵고 탐스럽게 내리는 눈은 함박눈이야.

③ 쌀알처럼 내리는 눈은 싸라기눈이야.

④ 눈사람은 싸라기눈으로만 만들 수 있어.

3 다음 빈칸에 공통으로 들어가는 말을 오른쪽에 바르게 써 보세요.

4 다음 빈칸에 있는 글씨를 예쁘게 따라서 써 보세요.

· 비가 얼마나 왔는지 재는 기구는 측 우 기

· 비가 오기를 바라며 올리는 제시는 기 우 제

5 다음 빈칸에 알맞은 말을 예쁘게 써 보세요.

· 갑자기 많이 내리는 눈은 폭

· 눈을 치우는 차는 제   차

어휘 나무에 낱말 열매들이 열렸어요.
열매에 들어 있는 낱말 중, 나머지와 사이가 <u>가장 먼</u> 것을 찾아 ○ 하세요.

4장

느끼다

맛

맛이 어때?

슬슬 해 볼까?

초비야, 우리 엄마, 아빠 놀이 할까?

그래, 내가 아빠 할게, 누나가 엄마 해.

여보, 저녁 드세요.

어디 맛 좀 볼까?

튀튀. 음식이 너무 짜.

그래요? 다시 해 올게요.

이번엔 어때요?

이번엔 너무 싱거워.

초비, 단비 저녁 먹자!

얘들아, 엄마, 아빠 놀이 그만하고 밥 먹자.

짜지도 않고, 싱겁지도 않고, 아주 간이 딱 맞네!

모처럼 칭찬을 들으니 기분 좋네.

작전 성공!

아빠가 평소에 음식 투정이 심하셨나 봐.

달고, 쓰고, 시고, 짜고, 맵고.

여러 가지 맛을 알아보자. 어떤 맛인지 선으로 이어 봐.

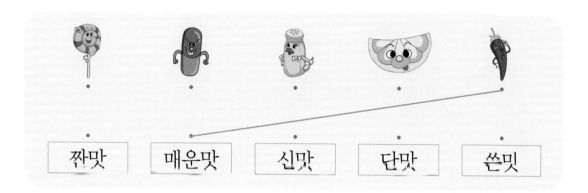

| 짠맛 | 매운맛 | 신맛 | 단맛 | 쓴맛 |

사탕은 **단맛**.   달다고 너무 많이 먹으면 안 돼.

약은 **쓴맛**.   입에 쓴 약이 몸에 더 좋다는 말이 있어.

레몬은 **신맛**.   신맛이 나는 과일들에는 비타민 C가 많대.

소금은 **짠맛**.   소금만 먹는 일은 없지만 요리에 꼭 필요해.

고추는 **매운맛**.   혹시 작은 고추가 더 맵다는 말 들어 봤어?

음식이 짜지도 싱겁지도 않은 건

(간이 맞다 | 죽이 맞다)

음식이 짜고 싱거운 정도를 '간'이라고 해.

간이 맞는지 맛보는 것은 간을 보다.

맛

■ **간이 맞다**
음식에 짠맛을 알맞게
맞추다.
■ **간을 보다**
간이 맞는지 음식을 조금
맛보다.

> **정답** 106쪽

맛   짠맛, 매운맛, 신맛, 단맛, 쓴맛,
           간을 보다, 간이 맞다

단맛에도 여러 가지 맛이 있어.

단맛이 조금 나는 건
달짝지근하다.
달아서 입에 당기는 맛은
달콤하다.

어떤 맛일까? 맛을 본 식구들의 말을 듣고 선을 이어 봐.

| 신맛 | 짠맛 | 매운맛 | 쓴맛 |

쓰고, 시고, 짜고, 매워도 맛이 있는 음식들이 있어.

쌉쌀한 맛의 봄나물은 입맛을 돋워 주지.
새콤한 맛을 떠올리면 입안에 침이 고여.
음식은 적당히 짭짤해야 제 맛을 느낄 수 있어.
초비네 가족은 매콤한 음식을 좋아해.

맛

- **달짝지근하다**
  단맛이 조금 나다.
- **달콤하다**
  음식이 달아 입맛이
  당기다.
- **짭짤하다**
  빗이 있게 띤맛이 있다.
- **새콤하다**
  음식이 시면서 입맛이
  당기다.
- **쌉쌀하다**
  조금 쓰면서 입맛이
  당기다.
- **매콤하다**
  맛있게 조금 맵다.

역시 여름철 별미는 시원한 냉면이야.

별미?

아주 특별히 맛있는 게 **별미**야.

별미는 계절, 지역, 사람마다 다 달라.

계절 **별미**는 보기만 해도 **구미**가 당겨.

구미는 뭘까? (입맛 | 입술)

별미, 구미의 '미'는 맛 **미(味)**.

맛을 느끼는 감각은   •   • 미각

아주 달거나 달콤한 맛은   •   • 조미료

맛을 내기 위해 넣는 양념은   •   • 감미

인공 **조미료**는 너무 많이 넣으면

입맛도 나빠지고 건강에도 좋지 않아.

산과 바다에서 나는 온갖 진귀한 음식은?

(산해진미 | 미풍양속)

엄마가 차려 주신 **산해진미**

맛있게 냠냠냠!

이건 산해진미야!

엄마, 이것도 별미야?

미풍양속은 아름답고 좋은 풍속이야.

미풍양속의 '미'는 맛 **미(味)**가 아냐.

味
맛 미

- **별미**(別다르다 별 味)
  특별히 좋은 맛의 음식.
- **구미**(口입 구 味)
  먹고 싶은 생각.(= 입맛)
- **미각**(味 覺느끼다 각)
  맛을 느끼는 감각.
- **감미**(甘달다 감 味)
  단맛.
- **조미료**
  (調고르다 조 味 料재료 료)
  음식의 맛을 내는 재료.
- **산해진미**
  (山산 산 海바다 해 珍보배 진 味)
  산과 바다에서 나는 온갖
  재료로 만든 맛있는 음식.

> 정답 106쪽

81

1 서로 어울리는 맛끼리 짝 지으세요.

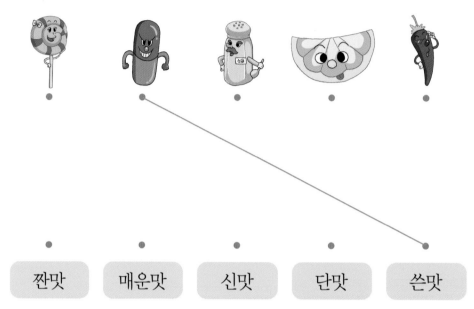

짠맛	매운맛	신맛	단맛	쓴맛

---

2 다음 중 맞는 말에 ○표, 틀린 말에 ×표 하세요.

1) 음식이 짜지도 싱겁지도 않은 건 간이 맞다.　　　　　　(　　)

2) 달짝지근한 맛은 달지도 쓰지도 않은 맛이야.　　　　　　(　　)

3) 조금 쓰지만 입맛이 당기는 맛을 쌉쌀하다고 해.　　　　　(　　)

4) 맛있게 매운맛을 매콤하다고 해.　　　　　　　　　　　(　　)

> 정답 107쪽

3 빈칸에 공통으로 들어갈 말을 오른쪽에 바르게 써 보세요.

겨울철 별미는 동지 팥죽이지.

보기만 해도 군ㅁ가 당기는걸.

4 다음 빈칸에 있는 글씨를 예쁘게 따라서 써 보세요.

· 달아서 입에 당기는 맛은 달 콤 하다.

· 맛있게 매워 입에 당기는 맛은 매 콤 하다.

· 맛있게 시어 입에 낭기는 맛은 새 콤 하다.

5 다음 빈칸에 알맞은 말을 예쁘게 써 보세요.

· 산과 바다에서 나는 온갖 진귀한 음식은 산해진 □

· 맛을 내기 위해 넣는 양념은 조 □ 료

아빠 방귀 냄새

방귀를 뀌면 고약한 냄새가 나.

코로는 숨도 쉬지만 냄새도 맡아.

쿵쿵 코로 냄새를 느끼는 건

냄새를 맡다.

> 무슨 냄새일까?
> 선을 그어 봐.

먹음직스러운 찌개에서는 •	• 고약한 냄새
싱싱한 꽃에서는 •	• 향긋한 냄새
방기에서는 •	• 구수한 냄새

싱싱한 꽃이 냄새를 풍기지 않는다면

아무리 코를 쿵쿵거려도 냄새를 맡지 못할 거야.

냄새가 나는 건 냄새를 풍기다.

> 옥!
> 술 냄새.

> 어?
> 냄새 나?

술 냄새를 풍기면서

들어오신 아빠.

소비는 단번에 알았지.

아빠 옷에 술 냄새가 배어서 그래.

냄새가 옷에 스며드는 건

(냄새가 배다 | 냄새가 차다)

> 정답 107쪽

냄새

- **냄새**
  코로 맡아 알 수 있는 것.
- **냄새를 맡다**
  코로 냄새를 느끼다.
- **구수하다**
  맛이나 냄새가 입맛이
  당기도록 좋다.
- **향긋하다**
  좋은 향기가 나다.
- **고약하다**
  맛이나 냄새가 나쁘면서
  싫다.
- **냄새를 풍기다**
  냄새가 나다.
- **냄새가 배다**
  냄새가 스며들어
  계속 나다.

냄새   구수하다, 고약하다, 향긋하다,
         냄새를 맡다, 냄새를 풍기다, 냄새가 배다

엄마,
어디서 탄내 나요.

아차! 밥.

저런 밥을 불 위에 올려놓고
엄마가 깜박하셨구나.
음식이 탈 때 나는 냄새는 **탄내**.

입냄새는 (입내 | 똥내)

똥 냄새는 (입내 | 똥내)

낱말 뒤에 붙은 '–내'는 냄새라는 뜻이야.

엄마 젖에서 나는 냄새는	•	• 밥내
땀을 흠뻑 흘리면 나는 냄새는	•	• 젓내
김이 모락모락 나는 밥에서는	•	• 땀내

또 다른 냄새도 있어.
방귀 냄새, 발 냄새, 어이쿠 구려!
방귀를 뀌었을 때 나는 구린내,
요리하기 전 생선에서 나는 비린내.

이런 나쁜 냄새는 모두 **악취**야.
악취의 '취'는 냄새 **취(臭)**.

발 냄새
공격!

으악! 구린내!

-내

탄내
불에 탄 냄새.

입내
입에서 나는 냄새.

땀내
땀 냄새.

구린내
똥이나 방귀에서 나는
고약한 냄새.

비린내
물고기 몸에서 나는
메스꺼운 냄새.

악취(惡나쁘다 악 **臭**냄새 취**)**
불쾌하고 나쁜 냄새.

86

꽃에서 나는 좋은 냄새는 꽃향기,
몸에서 좋은 냄새가
나게 하는 화장품은 향수.

향기, 향수의 '향'은 모두
향기 **향**(香).
향기는 좋은 냄새라는 뜻의 한자말이야.

차 안이나 방 안에 좋은 냄새가 나게 하는 것은
(방향제 | 향신료)

제사를 지낼 때 피우는 불은 •　　　• 향내
향불을 피울 때 나는 냄새는 •　　　• 향불

다음 중 조미료가 아닌 것을 ○표 해 봐.

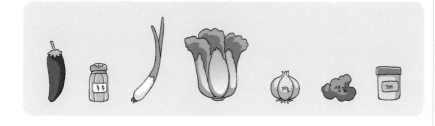

배추는 김치를 만드는 재료지 조미료는 아냐.
음식에 맵거나 향기로운 맛을 더하는 조미료는
향신료라고도 해.

香
향기 향

● **꽃향기**(꽃 香 氣기운 기)
꽃에서 나는 기분 좋은
냄새.
● **향수**(香 水물 수)
향기로운 냄새가 나는
액체로 된 화장품.
● **방향제**
(芳꽃답다 방 香 劑약제 제)
좋은 냄새를 풍기게 만든 물선.
● **향불**(香 불)
향을 태우는 불.
● **향신료**
(香辛맵다 신 料재료 료)
음식에 맵거나 향기로운 맛을
내게 하는 조미료.

＞ **정답** 107쪽

1 다음 말과 뜻풀이가 서로 어울리는 것끼리 짝 지으세요.

냄새를 맡다 ● ● 냄새가 옷 따위에 스며들다

냄새를 풍기다 ● ● 코로 냄새를 느끼다

냄새가 배다 ● ● 냄새가 나다

---

2 그림과 어울리는 냄새를 보기에서 찾아 번호를 써 주세요.

1)  (   )

2)   (   )

3) (   )

4) (   )

보기 : ① 입내   ② 똥내   ③ 탄내   ④ 땀내

3 빈칸에 공통으로 들어갈 말을 오른쪽에 바르게 써 보세요.

4 다음 빈칸에 있는 글씨를 예쁘게 따라서 써 보세요.

· 방귀를 뀌었을 때 나는 구 린 내

· 요리하지 않은 생선에서 나는 비 린 내

· 구린내, 비린내처럼 나쁜 냄새는 모두 악 취

5 다음 빈칸에 알맞은 말을 예쁘게 써 보세요.

· 꽃에서 나는 냄새는 꽃　기

· 몸에서 좋은 냄새가 나게 하는 화장품은 향

89

촉감

촉감으로 맞혀 봐

손으로 만져 보면 무엇인지 알 수 있어.

강아지 몸에 난 털을 만지면 어떤 느낌일까?

(복슬복슬 | 까칠까칠)

강아지 털은 복슬복슬 부드러워.

고슴도치 가시는 까칠까칠 따가워.

난 복슬복슬
강아지

난 까칠까칠
고슴도치

만지는 느낌을 촉감이라고 해.

섣이 부드럽고 무른 지 •	• 따따하다
몹시 굳고 단단한 건 •	• 말랑하다

겉이 부드럽지 않고 까칠한 건 •	• 곱다
가루나 피부가 부드러운 건 •	• 거칠다

쏙쏙해.

축축해.

화장품을 바르면 피부가 촉촉해.

초비가 오줌을 싼 이부자리는 축축해.

물기가 많이 있는 건 •	• 촉촉하다
물기가 조금 있는 건 •	• 축축하다

촉감

- **복슬복슬**
  덕이 많이 난 모양.
- **까칠까칠**
  매끄럽지 않고 거친 느낌.
- **딱딱하다**
  몹시 단단하다.
- **말랑하다**
  무르고 부드럽다.
- **곱다**
  거칠지 않고 부드럽다.
- **거칠다**
  부드럽지 않고 까칠하다.
- **촉촉하다**
  물기가 있어 조금 젖어
  있다.
- **축축하다**
  물기가 있어 꽤 젖어 있다.

> **정답** 107쪽

촉감   딱딱하다, 말랑하다, 곱다, 거칠다, 촉촉하다, 축축하다

코끼리가 어떻게 생겼는지 알려고
장님들이 코끼리를 만지고 있어.
손으로 여기저기 주무르거나 쥐는 건
(만지다 | 꼬집다)

한 번이 아니라 여러 번 만지는 건
만지작거리다.

어울리는 것끼리
선을 그어 봐.

만지는 방법에도 여러 가지가 있어.

손끝으로 살짝 닿게 만지는 건 ·   · 주무르다

손가락을 다 오므려 만지는 건 ·   · 쥐다

손으로 쥐락펴락 만지는 건 ·   · 대다

한 번이 아니라 여러 번 주무르는 건 주물럭거리다.

만지다

만지다
손을 대다.

꼬집다
손가락으로 살을
비틀거나 쥐다.

만지작거리다
자꾸 만지다.

대다
닿게 하거나 만지다.

쥐다
손가락을 오므려 잡다.

주무르다
손으로 쥐었다
놓았다 하다.

주물럭거리다
손으로 자꾸 주무르다.

신기하다고 아무거나 만지면 안 돼.

고슴도치를 만지면 손이 어떨까?

(아프다 | 차갑다)

고슴도치 가시에 찔렸으니

따가우면서 아프겠지?

손은 뜨겁거나 차가운 것도 느낄 수 있어.

얼음을 만지면 · · 뜨겁다

목욕탕의 열탕은 · · 차갑다

뜨거워 보이거나 차가워 보이는 건

함부로 손을 대면 안 돼.

초비가 만든 칠흙 자동차,

단비가 그만 힘을 주어 만졌어.

만질 때 힘을 주어 미는 건

누르다.

아프다, 뜨겁다, 차갑다, 누르다.

손이나 피부가 느낄 수 있는 촉감이야.

촉감

아프다
다치거나 병이
들어 괴롭다.

뜨겁다
살이 아플 만큼 온도가
높다.

차갑다
온도가 낮이 차다.

누르다
힘을 주어 위에서 아래로
밀다.

> 정답 107쪽

93

 어휘 확인

1 다음 중 초비가 만지고 있는 것은 무엇일까요? (   )

동그랗고,
말랑말랑하고,
겉은 고무로 되어 있어.

①

②

③

④

2 다음 낱말과 알맞은 뜻풀이를 짝 지으세요.

축축하다 ●	● 물기가 많이 있다
만지작거리다 ●	● 손끝으로 닿게 만지다
대다 ●	● 손가락을 오므려 만지다
쥐다 ●	● 여러 번 만지다

3 그림을 보고 알맞은 말을 보기에서 골라 번호를 써 넣으세요.

1)
(   )

2)
(   )

3)
(   )

4)
(   )

보기 : ① 아프다   ② 뜨겁다   ③ 차갑다   ④ 주무르다

4 다음 빈칸에 있는 글씨를 예쁘게 따라서 써 보세요.

· 아 프 다 뜨 겁 나

· 차 갑 다 누 르 다

5 다음 빈칸에 알맞은 말을 예쁘게 써 보세요.

· 물기가 조금 있는 건 촉 [   ] 하다

· 물기가 많이 있는 건 축 [   ] 하다

95

감정

우리 집에 웃음꽃이 활짝

아빠는….

엄마는….

우리 집에….

웃음꽃이 활짝 피었어.

하하 호호 웃으면 행복이 찾아와.

우리들이 재롱을 떨면 집안에 웃음꽃이 피지.

집안에서 웃으면 웃음꽃이지만,

더 많은 사람이 함께 웃으면 웃음바다가 돼.

아빠는 하하하, 엄마는 호호호.

사람마다, 상황마다 웃는 모습도 제각각.

크고 흰히게 웃는 건	•	• 눈웃음
소리 내어 크게 웃는 건	•	• 너털웃음
소리 없이 눈으로만 웃는 건	•	• 함박웃음

웃음은 한자로 웃다 소(笑).

소리 없이 빙긋 웃는 웃음은	•	• 미소
갑자기 터져 나오는 웃음은	•	• 폭소

좋은 웃음만 있는 건 아니야.

다른 사람을 업신여기며 웃는 비웃음도 있어.

친구를 비웃는 건 좋지 않아.

웃음

- **함박웃음**
  크게 웃는 웃음.
- **너털웃음**
  크게 소리 내어 웃는 웃음.
- **눈웃음**
  소리 없이 눈으로 웃는 웃음.

笑
웃다 소

- **미소**(微작다 미 笑)
  소리 없이 빙긋이 웃는 웃음.
- **폭소**(爆갑자기 폭 笑)
  갑자기 터지는 웃음.

> **정답** 107쪽

웃다   함박웃음, 너털웃음, 눈웃음, 미소, 폭소

단비가 산타 할아버지한테 선물을 받았어.

정말 기쁘겠지?

선물을 받으면 기분이 좋아.

이럴 때 느끼는 마음은?

(기쁨 | 슬픔)

착한 일을 하고 칭찬을 받으면

가슴이 터질 것처럼 두근두근 기분이 좋아.

이런 건 기분이 (뿌듯한 | 우울한) 거야.

착한 일을 해 봤다면 뿌듯한 기분을 질 일겠시?

선물을 받지 못한 초비는 기분이 어떨까?

이럴 때 느끼는 서러운 마음은?

(기쁨 | 슬픔)

감정

▪**기쁨**
  기쁜 마음.
▪**슬픔**
  슬픈 마음.
▪**뿌듯하다**
  기쁨이 마음에
  가득 차서 벅차다.
▪**우울하다**
  기분이 좋지 않고
  마음이 무겁다.

시간이 지나면 슬픈 마음이 사라지겠지만,

단비 누나 선물을 볼 때마다 생각나겠지?

그럴 때마다 초비는 기분이 어떨까?

(우울하다 | 뿌듯하다)

야호!
나도 선물 받았다.

하하, 그럼 그렇지!
산타 할아버지가 초비를 놀리려고
일부러 선물을 숨기신 거야.

이렇게 신나는 기분은?
(즐거움 | 괴로움)

슬겁나는 한자로 즐겁나 **락(樂)**.

소리로 즐겁게 하는 건 •	• 음악
기분을 즐겁게 하는 일은 •	• 오락

저런 선물로 받은 인형이 망가져서
단비 누나가 화가 많이 났어.
단비 누나는 초비를 의심하고 있어.
이렇게 크게 노여운 마음이 생기는 건?
(화나다 | 즐겁다)

초비!
네가 그랬지?

내가
안 그랬는데…

단비 누나는 말썽꾸러기 초비를 의심했는데
사실은 강아지 멍구가 망가뜨린 거였대.
초비처럼 억울한 일을 당해 화가 나는 건
분하다.

냄새

- **즐거움**
즐거운 마음.
- **괴로움**
괴로운 마음.
- **화나디**
못마땅하여 기분이
나쁘다.
- **분하다**
억울한 일을 당하여
화나고 원통하다.
- **음악**(音소리 음 樂노래 악)
목소리나 악기로
아름다운 음을 들려주는
예술.
- **오락** (娛즐거워하다 오
樂즐거울 락)
재미있게 노는 일.

> **정답** 107쪽

99

 어휘 확인

1 다음 낱말과 알맞은 뜻풀이를 짝 지으세요.

함박웃음 •   • 소리 없이 눈으로만 웃는 웃음

웃음바다 •   • 많은 사람이 한꺼번에 웃는 모습

너털웃음 •   • 소리 내어 크게 웃는 모습

눈웃음 •   • 크고 환하게 웃는 모습

2 다음을 읽고 알맞은 감정에 O표 하세요.

1) 어머니가 청소하실 때 옆에서 도와드렸어요.

(우울하다 | 뿌듯하다)

2) 좋아하는 친구 생일잔치에 가서 신나게 놀았어요.

(즐겁다 | 괴롭다)

3) 동생이 내가 아끼는 장난감을 망가뜨렸어요.

(화나다 | 즐겁다)

4) 강아지가 꽃병을 깼는데 내가 혼났어요.

(기쁘다 | 분하다)

3 울타리를 이어 표정에 어울리는 낱말끼리 나누어 주세요.

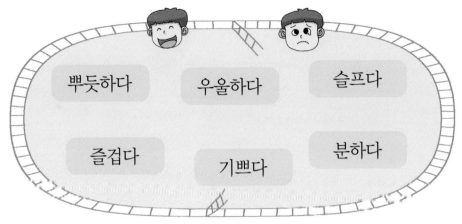

뿌듯하다　　　우울하다　　　슬프다

즐겁다　　　기쁘다　　　분하다

---

4 다음 빈칸에 있는 글씨를 예쁘게 따라서 써 보세요.

· 기 쁘 다　　슬 프 다

· 즐 겁 다　　화 나 다

---

5 다음 빈칸에 알맞은 말을 예쁘게 써 보세요.

· 우리들이 재롱을 떨면 집안에 웃음 ☐ 이 피지.

· 더 많은 사람이 함께 웃으면 웃음 ☐☐ 가 돼.

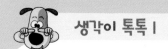

생각이 톡톡 l

편지를 읽고, 문제를 풀어 보세요.

> 보고 싶은 친구, 채원에게
> 친구야, 잘 지내니?
> 지금 우리나라는 추운 겨울이야. 어제는 눈이 펑펑 왔어. 엄마가 그러는데,
> 네가 사는 뉴질랜드는 계절이 여름이라고 하더라. 그럼 한여름에 크리스마스
> 를 보내겠네. 뉴질랜드의 크리스마스는 어떤지 알려 줘.
>
> 20○○년 12월 20일
> 아울이가 씀

1 빈칸에 들어갈 낱말을 찾아 써 보세요.

이 편지는 　　　　가 채원에게 보냈어요.

2 이 글을 읽고 알 수 있는 내용은 무엇일까요? (　　)

① 뉴질랜드 사람들은 한겨울에 크리스마스를 보낸다.

② 채원이는 뉴질랜드에 살고 있다.

3 친구를 우리 집에 초대하는 편지를 써 보세요.

102

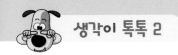

설명문을 읽고, 문제를 풀어 보세요.

　　김치는 우리나라 사람들이 밥과 함께 매일매일 먹는 반찬이다. 소금에 절인 배추나 무 따위를 고춧가루, 파, 마늘 같은 양념에 <u>버무린</u> 뒤 발효시켜 만든다. 매운맛, 신맛, 짠맛 등이 어우러져 맛이 좋다. 김치는 재료와 조리 방법에 따라서 종류가 많다. 배추로 만드는 배추김치와 백김치, 무로 만드는 깍두기와 동치미, 오이로 만드는 오이소박이, 파로 만드는 파김치 등이 있다.

1 빈칸에 들어갈 낱말을 찾아 써 보세요.

이 글은 ☐☐에 대해서 알려 주는 내용이에요.

2 이 글을 읽고 알 수 있는 내용은 무엇일까요? (　　　)

① 김치는 재료와 조리 방법에 따라 종류가 많다.

② 김치는 특별한 날에만 먹는 음식이다.

3 밑줄 친 '버무린'의 뜻을 찾아 ○를 하세요.

• 여러 가지를 종류별로 나누다.　（　　　）

• 여러 가지를 한데에 뒤섞다.　（　　　）

4 위 글에 나온 김치의 재료가 아닌 것을 찾아 ○를 하세요.

정답

세다

기본 어휘 · 7
- 네 개, 일곱 개, 아홉 개
- 덧셈
- 손꼽다
- 뺄셈

확장 어휘 · 8~9

하나 둘 셋 넷 다섯 여섯
-
| 1 | 2 | 3 | 4 | 5 | 6 |
| 일 | 이 | 삼 | 사 | 오 | 육 |

- ② 네 번째 아기 돼지
- 더하기, 빼기를 하는 건 — 암산
  머릿속으로 계산하는 건 — 계산

어휘 확인 · 10~11

❶ 더하기 — 덧셈
빼기 — 끝기
손꼽다 — 뺄셈

❷ 1) 5 2) 3 3) 5 4) 4

❸ 삼 일 오 이 사
| 1 | 2 | 3 | 4 | 5 |
둘 셋 하나 다섯 넷

❺ 여섯, 일곱, 아홉

수

기본 어휘 · 13

- 강아지를 셀 때는 — 송이
  장미를 셀 때는 — 병
  사람을 셀 때는 — 마리
- 장, 긴, 틀

확장 어휘 · 14~15
- 네 번째
- 수학
- 100점
- 다수, 소수
- 서로 겨루어서 제일 잘하는 사람은? — 일등
  서로 겨루어서 제일 못하는 사람은? — 꼴등
- 성적을 나타내는 숫자는 — 점수
  돈이 얼마인지 나타내는 수 — 액수
  사람이 입으로 하는 말의 수는 — 말수

어휘 확인 · 16~17
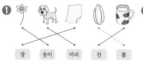
❶ 장 송이 마리 잔 틀

❷
장	세 번째	명
마리	으뜸	틀
잔	송이	버금

❸ 수
❺ 으뜸, 버금

일·십

기본 어휘 · 19
- 여럿 가운데 첫째는 — 제일
  한 번에 두 가지 이득을 얻는 건 — 일거양득
- 사람은 물인데 다리는 세 개 — 이인삼각
  아빠의 남동생은 — 삼촌
- 다섯 가지의 맛이 나는 열매는 — 오룡기
  동그라미가 5개 있는 올림픽기는 — 오미자
- 물과 땅은 둘이 아니라 하나 — 이중창
  물이 푸르는 노래는 — 신토불이
- 봄, 여름, 가을, 겨울은 — 사각형
  네모난 도형은 — 사계절

확장 어휘 · 20~21
- 네모기둥은 면이 여섯 개라 — 육각형
  별집 모양과 같이 여섯 개 있는 — 육면체
- 무엇이든 다 잘하는 사람은 — 팔방미인
  우리나라 땅을 부르는 다른 말은 — 팔도강산
- 일곱 형제는 — 칠형제
  북쪽에 있는 일곱 개의 별은 — 북두칠성
- 꼬리가 아홉 달린 여우는 — 구구단
  곱셈을 하려면 꼭 외워야 하는 — 구미호
- 십자가
- 십자수, 십자못
- 빨간색 자가는 — 십자로
  십(十)자 모양의 길은 — 적십자

어휘 확인 · 22~23
❶ ② 산삼
❷
| 6 | 7 | 8 | 9 |
북두칠성 구미호 육면체 팔도강산

❸ 교회 꼭대기에 달려 있는 건 — 적십자
십자 모양의 길 — 십자수
열심자로 놓는 수는 — 십자가
빨간색 십자가는 — 십자로

❺ 오룡기, 구미호

백·천·만

기본 어휘 · 25
- 백 번 쓰아 백 번 다 맞히는 건 — 백발백중
  결혼해서 백 년 동안 같이 살면 — 백년해로

확장 어휘 · 26~27
- 천자문
- 100원이 10개 모이면 1,000원이야.
- 하루에 천 리를 달리는 말이야.
- 100개
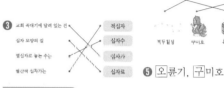
- 위험하기 짝이 없는 건 — 위험천만
  칭찬 많이 고생하는 건 — 천신받고
- 세상에 있는 모든 것은 — 만물상
  필요한 온갖 물건을 끼는 가게는 — 만물박사
  모르는 것이 없는 사람은 — 만물
- 만일
- 만약

어휘 확인 · 28~29
❶ ③ 백조
❷ 천자문 — 온갖 어려운 고비를 겪으며 고생함
천리안 — 천 리 밖을 볼 수 있는 눈
천신만고 — 천 자의 한자가 쓰여 있는 책
❸ 만

❺ 백, 천, 만

어휘랑 놀자 · 30
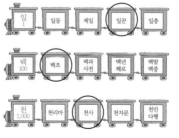

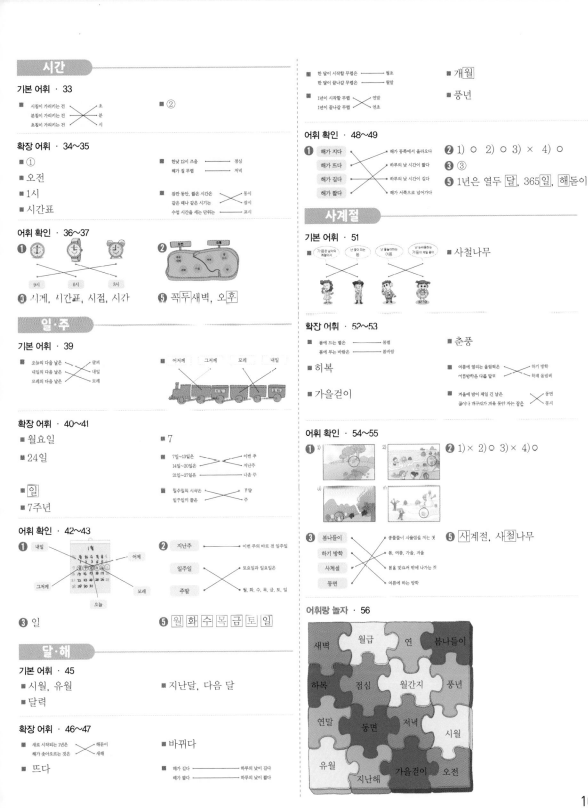

시간

기본 어휘 · 33

- 시침이 가리키는 것 → 초 / 분 / 시
  분침이 가리키는 것
  초침이 가리키는 것

■ ②

확장 어휘 · 34~35

■ ①
■ 오전
■ 1시
■ 시간표

- 한낮 12시 즈음 → 점심
  해가 질 무렵 → 저녁
- 잠깐 동안, 짧은 시간은 → 동시
  같은 때나 같은 시기는 → 잠시
  수업 시간을 세는 단위는 → 교시

어휘 확인 · 36~37

❶ 9시 / 6시 / 3시

❷ 보름 / 오후

❹ 시계, 시간표, 시점, 시각

❺ 꼭두새벽, 오후

일·주

기본 어휘 · 39

- 오늘의 다음 날은 → 앨피
  내일의 다음 날은 → 내일
  모레의 다음 날은 → 모레

■ 어제 / 그저께 / 모레 / 내일

확장 어휘 · 40~41

■ 월요일
■ 24일
■ 일
■ 7주년

■ 7

- 7일~13일은 → 이번 주
  14일~20일은 → 지난 주
  21일~27일은 → 다음 주
- 일주일의 시작은 → 주말
  일주일이 끝은 → 주

어휘 확인 · 42~43

❶ 내일 / 어제 / 그저께 / 모레 / 오늘

❷ 지난주 → 이번 주의 바로 전 일주일
  일주일 → 토요일과 일요일은
  주말 → 월, 화, 수, 목, 금, 토, 일

❸ 일

❺ 월 화 수 목 금 토 일

달·해

기본 어휘 · 45

■ 시월, 유월
■ 달력

■ 지난달, 다음 달

확장 어휘 · 46~47

- 새로 시작되는 1년은 → 해돋이
  해가 솟아오르는 것은 → 새해
■ 뜨다

■ 바뀌다

- 해가 길다 → 하루의 낮이 길다
  해가 짧다 → 하루의 낮이 짧다

- 한 달이 시작할 무렵은 → 월초
  한 달이 끝나갈 무렵은 → 월말
- 1년이 시작할 무렵 → 연말
  1년이 끝나갈 무렵 → 연초

■ 개월
■ 풍년

어휘 확인 · 48~49

❶ 해가 지다 → 해가 동쪽에서 올라오다
  해가 뜨다 → 하루의 낮 시간이 짧다
  해가 길다 → 하루의 낮 시간이 길다
  해가 짧다 → 해가 서쪽으로 넘어가다

❷ 1) ○ 2) ○ 3) × 4) ○
❸ ③
❺ 1년은 열두 달, 365일, 해돋이

사계절

기본 어휘 · 51

가을은 날마다 계절이니 / 눈이 꽁꽁 오는 봄 / 눈을 녹이며는 여름 / 난 눈사람이라 가을에 제일 좋아

■ 사철나무

확장 어휘 · 52~53

- 봄에 드는 볕은 → 봄볕
  봄에 부는 바람은 → 봄바람
■ 허복
■ 가을걷이

■ 춘풍

- 여름에 열리는 올림픽은 → 하기 방학
  여름방학을 다른 말로 → 하계 올림픽
- 겨울에 밤이 제일 긴 날은 → 동면
  끝이나 개구리가 겨울 동안 자는 잠은 → 동시

어휘 확인 · 54~55

❶ 1) 2) 3) 4)

❷ 1) × 2) ○ 3) × 4) ○

❸ 봄나들이 → 곡물들이 시들시들 지는 것
  하기 방학 → 봄, 여름, 가을, 겨울
  사계절 → 봄을 맞이해 밖에 나가는 것
  동면 → 여름에 하는 방학

❺ 사계절, 사철나무

어휘랑 놀자 · 56

새벽 / 월급 / 연 / 봄나들이 / 하복 / 점심 / 월간지 / 풍년 / 연말 / 동면 / 저녁 / 시월 / 유월 / 지난해 / 가을걷이 / 오전

105

햇님이 쨍쨍 비치는 날은 ─ 눈
구름이 햇님을 가린 날은 ─ 비
비가 내리는 날은 ─ 흐림
눈이 내리는 날은 ─ 맑음

확장 어휘 · 60~61

■ 열대야 ■ 냉면
■ 꽃샘추위
■ 추위를 이기는 옷은 ─ 방한복
　추위를 이기는 모자는 ─ 방한모
■ 춥다 한 ■ 따뜻하다 온

어휘 확인 · 62~63

❶

비가 오는 날씨 / 햇빛 쨍쨍 화창한 날씨 / 구름이 많이 끼는 날씨 / 눈이 오는 날씨

❷
열대야	방한모	무더위
강추위		꽃샘추위
소나기	빙한복	이열치열

❸
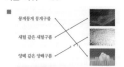

❺ 이열치열, 꽃샘추위

바람·구름

기본 어휘 · 65

뭉게뭉게 뭉게구름
새털 같은 새털구름
양떼 같은 양떼구름

■ 먹구름

확장 어휘 · 66~67

■ 강에서 불어오는 바람은? ─ 바닷바람
　산꼭대기에서 쉽게는 바람은? ─ 산바람
　바다에서 불어오는 바람은? ─ 강바람

■ 야외로 놀러 가는 건 ─ 강풍
　세게 부는 바람은 ─ 소풍
　바람을 채운 고무주머니는 ─ 풍선

■ 바람의 힘으로 기계를 움직이는 장치야.

어휘 확인 · 68~69

❶ 회오리바람 ─ 비가 내릴 때 부는 바람
　비바람 ─ 동그랗게 원을 그리며 부는 바람
　산바람 ─ 바다에서 불어오는 바람
　바닷바람 ─ 산에서 불어오는 바람

❷ ④
❸ 풍
❺ 먹구름, 눈보라

비·눈

기본 어휘 ·71

■ 이슬비
■ 장맛비
■ 맑은 날 잠깐 오다 그치는 비는 ─ 단비
　갑자기 세차게 내리는 비는 ─ 소나기
　꼭 필요할 때 알맞게 내리는 비는 ─ 여름비

확장 어휘 · 72~73

■ 비가 섞여 내리는 눈은 ─ 함박눈
　쌀알처럼 내리는 눈은 ─ 싸라기눈
　굵고 탐스럽게 내리는 눈은 ─ 진눈깨비

■ 함박눈
■ 눈꽃

■ 눈으로 만든 사람은 ─ 눈싸움
　눈을 뭉쳐 싸우는 건 ─ 눈사람

■ 오

■ 비가 얼마나 왔는지 재는 기구는 ─ 측우기
　비가 오기를 바라며 올리는 제사는 ─ 기우제

■ 백설기

어휘 확인 · 74~75

❶ 소나기 ─ 장대처럼 굵은 비
　단비 ─ 갑자기 세차게 내리는 비
　가랑비 ─ 꼭 필요한 때 알맞게 내리는 비
　장대비 ─ 부슬부슬 가늘게 내리는 비

❷ ④
❸ 눈
❺ 폭설, 제설차

어휘랑 놀자 · 76

함박눈 / 측우기 / 진눈깨비 / 폭설 / 제설차

· 배나무는 더위 열매 나무
· 사과나무는 바람 열매 나무
· 감나무는 눈 열매나무

맛

기본 어휘 · 79

짠맛 / 매운맛 / 신맛 / 단맛 / 쓴맛

■ 간이 맞다

확장 어휘 · 80~81

신맛 / 짠맛 / 매운맛 / 쓴맛

■ 입맛

■ 맛을 느끼는 감각은 ─ 미각
　아주 달거나 달콤한 맛은 ─ 조미료
　맛을 내기 위해 넣는 양념은 ─ 감미

■ 산해진미

106

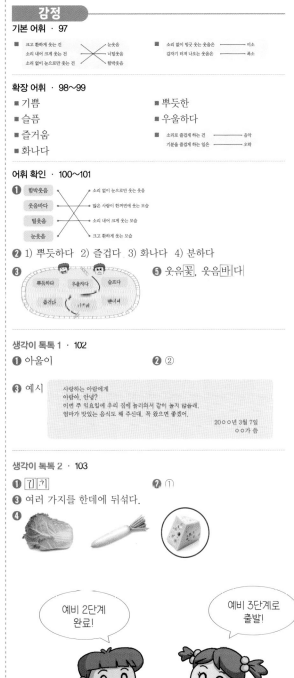

어휘 확인 · 82~83

❶ (그림)

❷ 1) ○ 2) × 3) ○ 4) ○
❸ 미
❺ 산해진[미], 조[미]료

전맛 · 매운맛 · 신맛 · 단맛 · 쓴맛

냄새

기본 어휘 · 85

■ 먹음직스러운 찌개에서는 / 구수한 냄새
실실한 꽃에서는 / 향긋한 냄새
방귀에서는 / 고약한 냄새

■ 냄새가 배다

확장 어휘 · 86~87

■ 입내, 똥내

■ 방향제

어휘 확인 · 88~89

❶ 냄새를 날나 / 냄새가 나다
냄새를 풍기다 / 코로 냄새를 느끼다
냄새가 배다 / 함께가 뭉치뭉치 ㅡㅡ올리

❷ 1) ④ 땀내 2) ③ 탄내 3) ① 입내 4) ② 똥내
❸ 항
❺ 꽃[향]기, [향]수

측감

기본 어휘 · 91

■ 복슬복슬

■ 걸이 부드럽지 않고 까칠한 건 / 곱다
가루나 피부가 부드러운 건 / 거칠다

■ 겉이 꺼끌하고 무른 건 / 딱딱하다
묻기 꽉 군고 단단한 건 / 말랑하다

■ 물기가 많이 있는 건 / 촉촉하다
물기가 조금 있는 건 / 촉촉하다

확장 어휘 · 92~93

■ 만지다

■ 아프다

■ 손끝으로 살짝 닿게 만지는 건 / 쥐다
손가락을 다 오므려 만지는 건 / 주무르다
손으로 꾹꾹누락 만지는 건 / 대다

■ 얼음을 만지면 / 차갑다
목욕탕의 열탕은 / 뜨겁다

어휘 확인 · 94~95

❶ ③

❷ 촉촉하다 / 물기가 많이 있다
만지작거리다 / 손끝으로 닿게 만지다
대다 / 손가락을 오므려 만지다
쥐다 / 여러 번 만지다

❸ 1) ③ 차갑다 2) ② 뜨겁다 3) ① 아프다 4) ④ 주무르다
❺ [촉]촉하다, [축]축하다

기본 어휘 · 97

■ 크고 환하게 웃는 건 / 눈웃음
소리 내어 웃는 건 / 너털웃음
소리 없이 눈으로만 웃는 건 / 함박웃음

■ 소리 없이 빙긋 웃는 웃음은 / 미소
갑자기 터져 나오는 웃음은 / 폭소

확장 어휘 · 98~99

■ 기쁨
■ 슬픔
■ 즐거움
■ 화나다

■ 뿌듯한
■ 우울하다

■ 소리로 즐겁게 하는 건 / 음악
기분을 즐겁게 하는 일은 / 오락

어휘 확인 · 100~101

❶ 함박웃음 / 소리 없이 눈으로만 웃는 웃음
웃음바다 / 많은 사람이 한꺼번에 웃는 모습
털웃음 / 소리 내어 크게 웃는 모습
눈웃음 / 크고 환하게 웃는 모습

❷ 1) 뿌듯하다 2) 즐겁다 3) 화나다 4) 분하다
❸ (그림: 뿌듯하다, 우울하다, 슬프다, 즐겁다, 기쁘다, 분하다)
❺ 웃음[꽃], 웃음[바]다

생각이 톡톡 1 · 102

❶ 아울이   ❷ ②

❸ 예시
사랑하는 아람에게
아람아, 안녕?
이번 주 일요일에 우리 집에 놀러와서 같이 놀지 않을래.
엄마가 맛있는 음식도 해 주신대. 꼭 왔으면 좋겠어.

2000년 3월 7일
○○가 씀

생각이 톡톡 2 · 103

❶ [가][가]   ❼ ①
❸ 여러 가지를 한데에 뒤섞다.
❹ (채소 그림: 배추, 무, 치즈)

(말풍선) 예비 2단계 완료!

(말풍선) 예비 3단계로 출발!

문해력 잡는 초등 어휘력 예비 단계 ❷

글 채희태 윤대영 이성림 이은아 김진철
그림 두리아

1판 1쇄 인쇄 2025년 1월 10일
1판 1쇄 발행 2025년 1월 31일

펴낸이 김영곤 펴낸곳 ㈜북이십일 아울북
프로젝트2팀 김은영 권정화 김지수 이은영 우경진 오지애 최윤아
아동마케팅팀 명인수 손용우 양슬기 이주은 최유성
영업팀 변유경 한충희 장철용 강경남 김도연 황성진
표지디자인 박지영 임민지

출판등록 2000년 5월 6일 제406-2003-061호
주소 (우 10881) 경기도 파주시 문발동 회동길 201
연락처 031-955-2100(대표) 031-955-2122(팩스)
홈페이지 www.book21.com

ⓒ ㈜북이십일 아울북, 2025

ISBN 979-11-7357-038-4
ISBN 979-11-7357-036-0(세트)

KC	• 제조자명 : ㈜북이십일	• 제조연월 : 2025. 01. 31.
	• 주소 : 경기도 파주시 회동길 201(문발동)	• 제조국명 : 대한민국
	• 전화번호 : 031-955-2100	• 사용연령 : 3세 이상 어린이 제품